Super M
Mathematik für alle

1

Herausgegeben von
Ursula Manten
Gudrun Hütten
Klaus Heinze

Erarbeitet von
Ulrike Braun
Gudrun Hütten
Ursula Manten
Christine Strauß-Ehret
Gabi Viseneber

Bearbeitet von
Marion Müller (Magdeburg)
Antje Pennewitz (Wallhausen)
Martina Schiek (Winterstein)
Kerstin Silz (Eberswalde)
Carmen Sobek (Markkleeberg)

In der Schule

0 1 2 3 4 5 6 7 8 9 10

Erzählen, Lage der Dinge beschreiben, mit Zählen verbinden,
Zahlwissen einbringen; Anzahlen ermitteln, als Strichliste notieren

E ▶ 1   AH ▶ 1   A ▶ 1

Anzahlen in der Klasse sehen und benennen, Lage der Dinge beschreiben, Zahlwissen einbringen, Buchstaben, Silben, Wörter zählen; Anzahlen ermitteln und als Strichliste notieren

Die Zahlen und ich

4 — Anzahlen am eigenen Körper finden und zuordnen; Zahlen (Ziffern 1 und 2) erarbeiten und schreiben

Zählen, Zahlenkärtchen zuordnen; Zahl (Ziffer 3) erarbeiten und schreiben;
Muster in der Zahlenfolge erkennen und fortsetzen

1, 2, 3, 4, 5

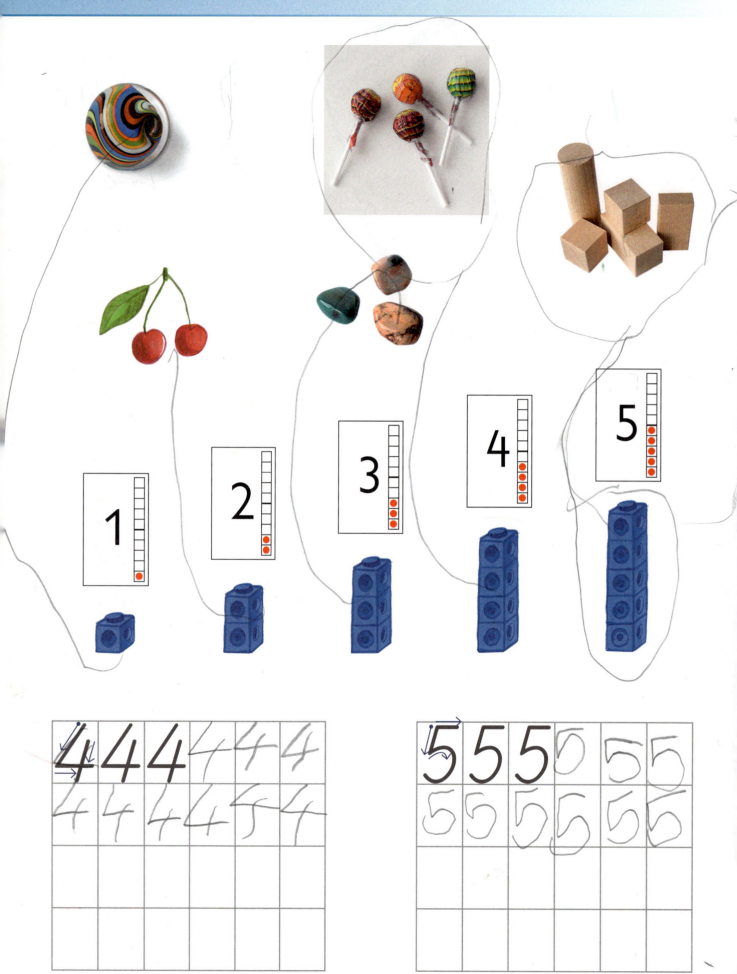

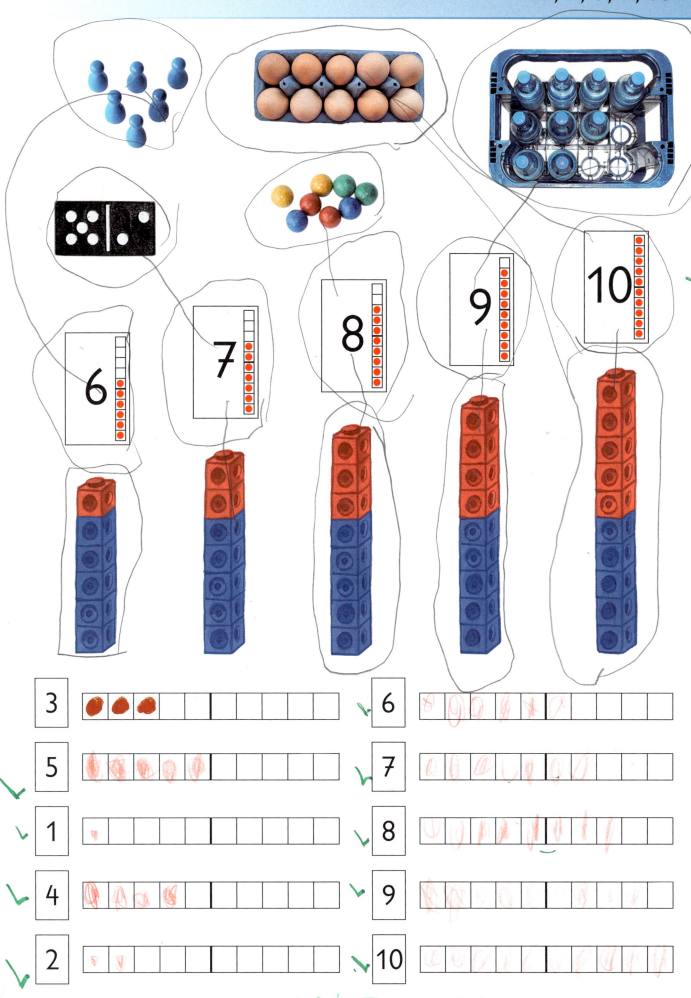

Links oder rechts?

(1) Aufräumen. Wohin?

Wege finden

10 sich im Raum bewegen und orientieren; vom Start ausgehend nach rechts, links, oben, unten gehen; Wege beschreiben, nach Beschreibung gehen

Wege laufen. Wohin?

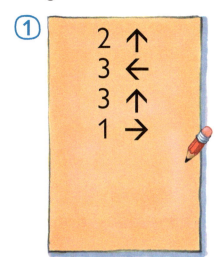
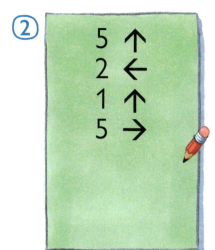
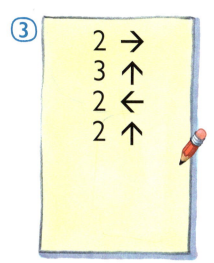
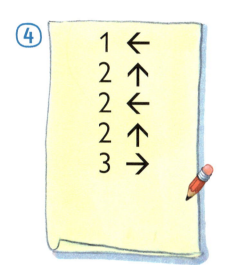
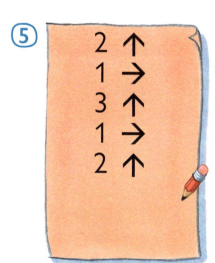
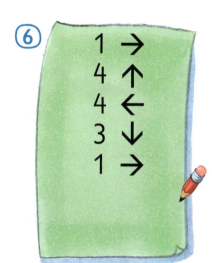

Welcher Schritt fehlt?

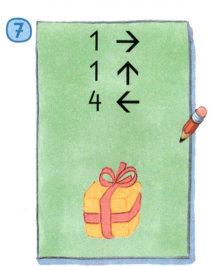
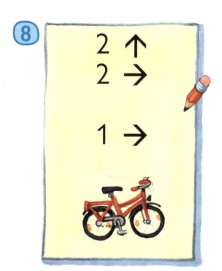
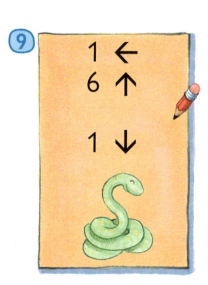

sich im Raum bewegen und orientieren; Wege nach Beschreibung gehen;
1–6 Ziel malen; 7–9 fehlenden Schritt im Weg ergänzen

Mengen – Anzahlen

① Wie viele?

② Wie viele?

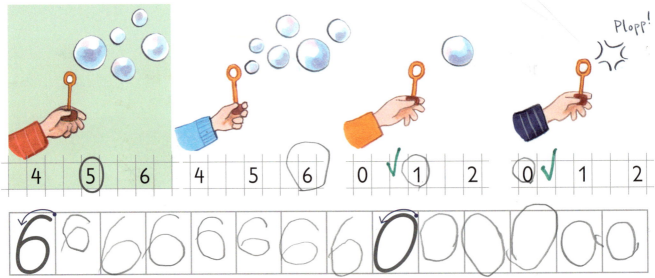

12

Bildbetrachtung; Anzahlbestimmung und Ziffernverwendung;
Zahlen (Ziffern 6 und 0) erarbeiten und schreiben

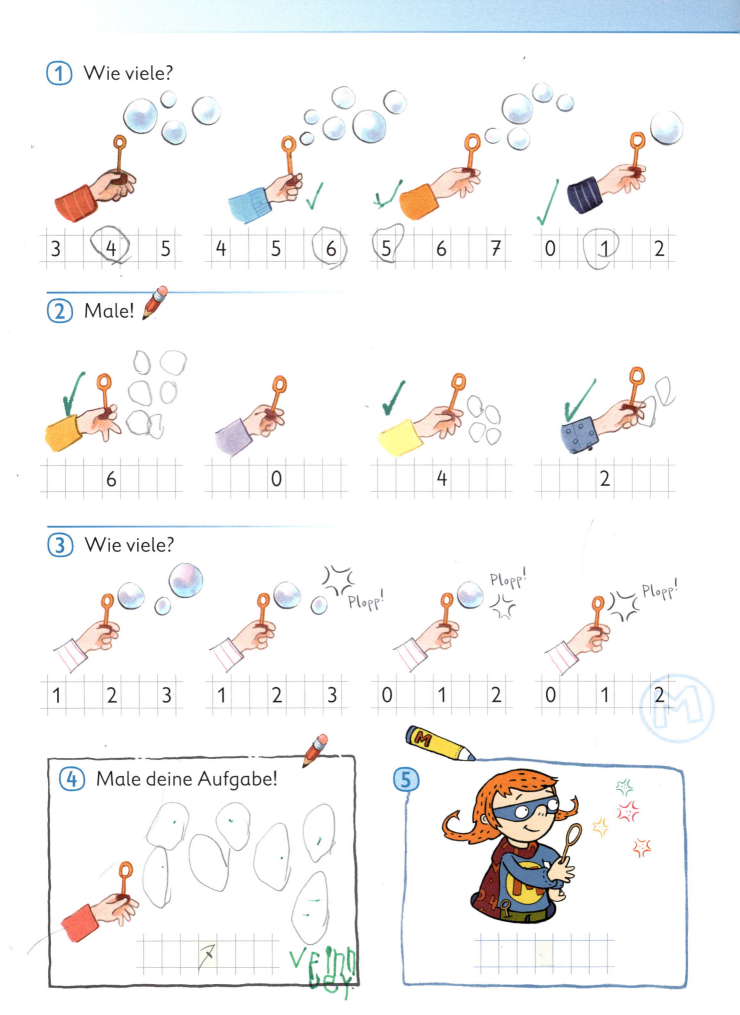

Anzahlen erzeugen, darstellen und notieren

1 Plättchen werfen. Male und schreibe!

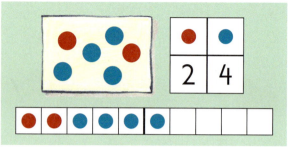
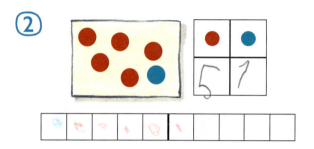
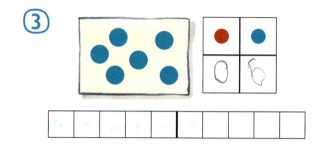
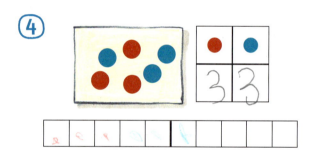
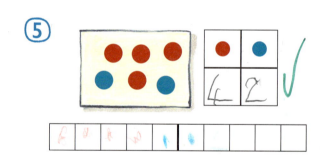
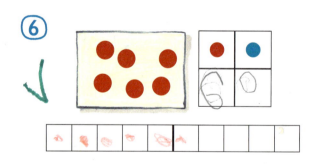
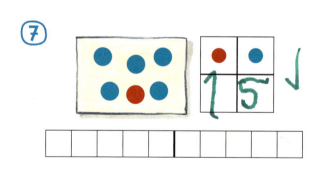
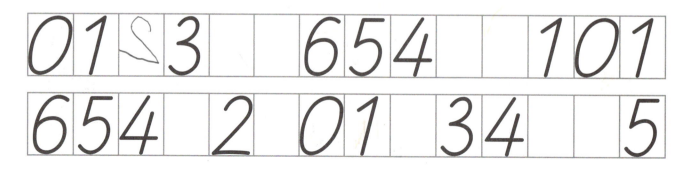

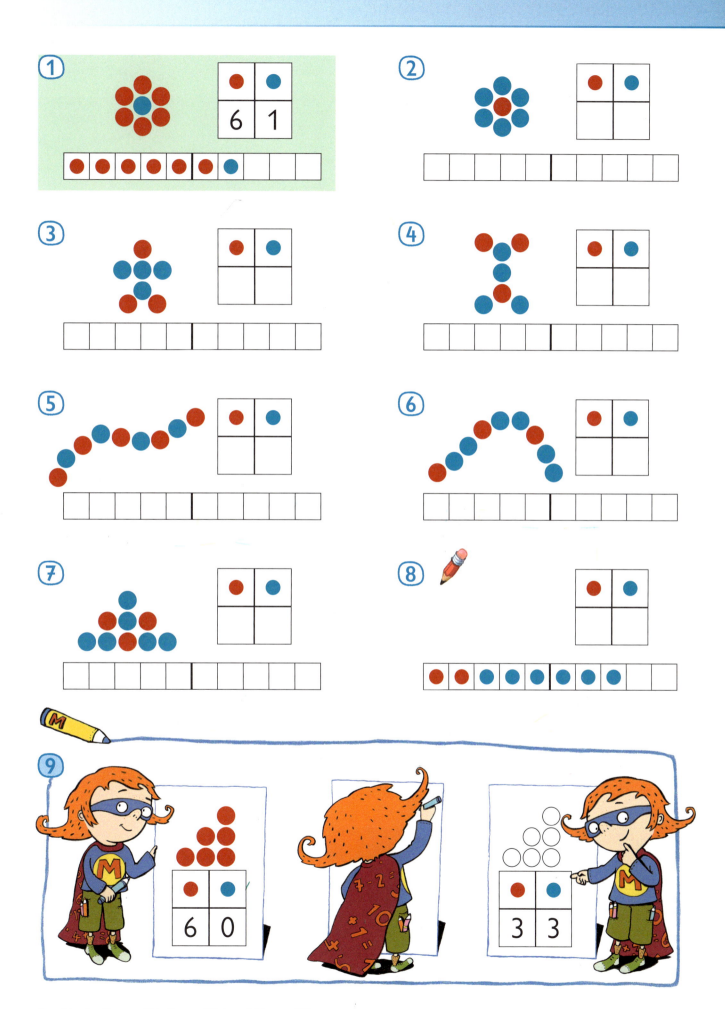

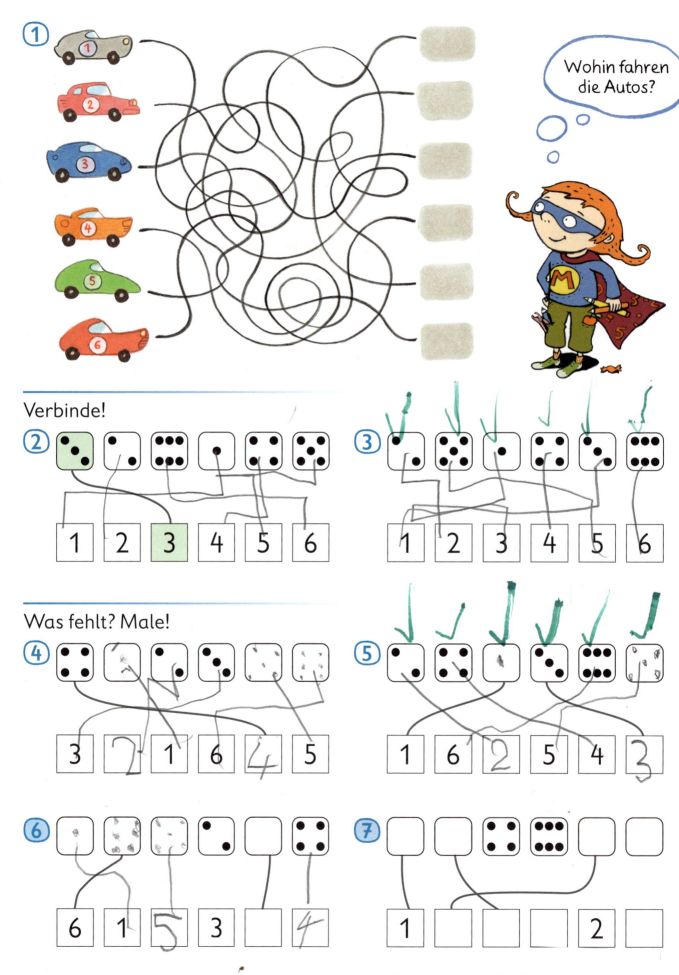

① Wie viele? Verbinde!

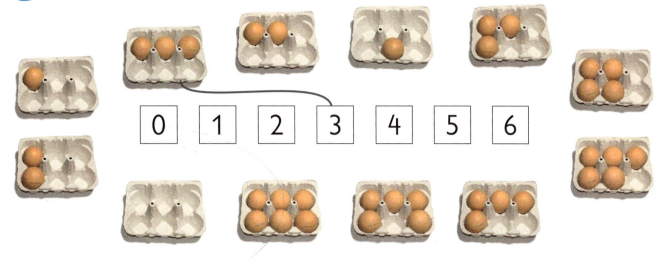

In welcher Reihenfolge? Schreibe auf!

②

☐ ☐ ☐ ☐ ☐ ☐

③

☐ ☐ ☐ ☐ ☐ ☐

④ Zahlenbild. Schreibe weiter!

0	1	2	3	4	5	6
1	2	3	4	5	6	0
2	3	4	5	6	0	1
3	4					
4						

⑤ Schreibe ein Zahlenbild!

1 Anzahlen/Zahlen darstellen; 2, 3 Reihenfolge des Abhebens erkennen und notieren; 4, 5 Zahlenbilder entwerfen

E ▶ 8   AH ▶ 9   A ▶ 8

Zahlen zerlegen – Zahlenhäuser

① Immer 4

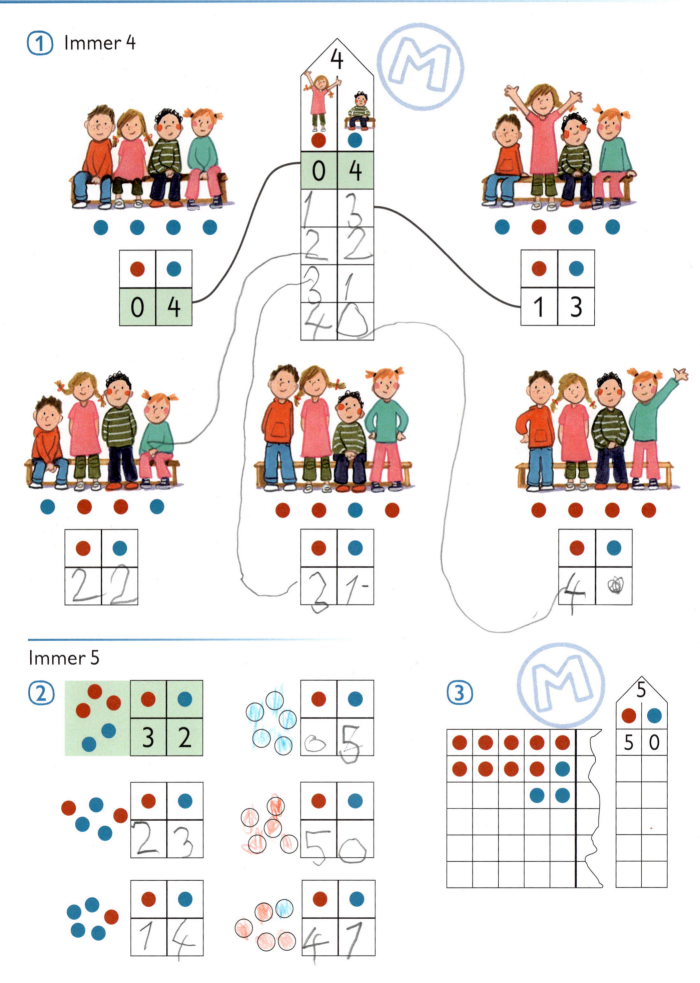

Immer 5

② ③

18 1 Wie viele Kinder stehen, wie viele sitzen? mit Plättchen nachlegen, Tabellen und Zahlenhaus vervollständigen, systematisch vorgehen; 2 Plättchen werfen: Wie viele rote, wie viele blaue Plättchen? Experimentieren: Was ist möglich? 3 systematisches Verändern, im Zahlenhaus darstellen   E▶9   AH▶10   A▶9

Zahlen zerlegen – die Zahlen 7, 8, 9

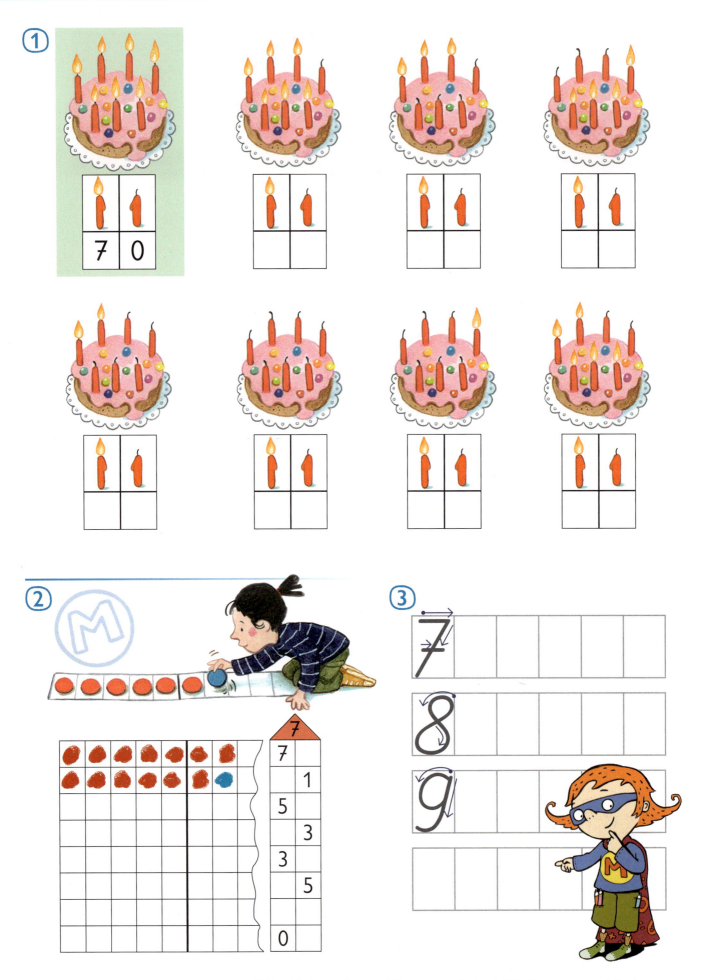

20   1 Wie viele Kerzen brennen? Zerlegungen finden, in Tabellen eintragen; 2 Strukturen erkennen und fortsetzen; 3 Zahlen (Ziffern 7, 8 und 9) erarbeiten und schreiben

① Wie viele wurden aufgegessen?

② Immer 9. Das kann sein.

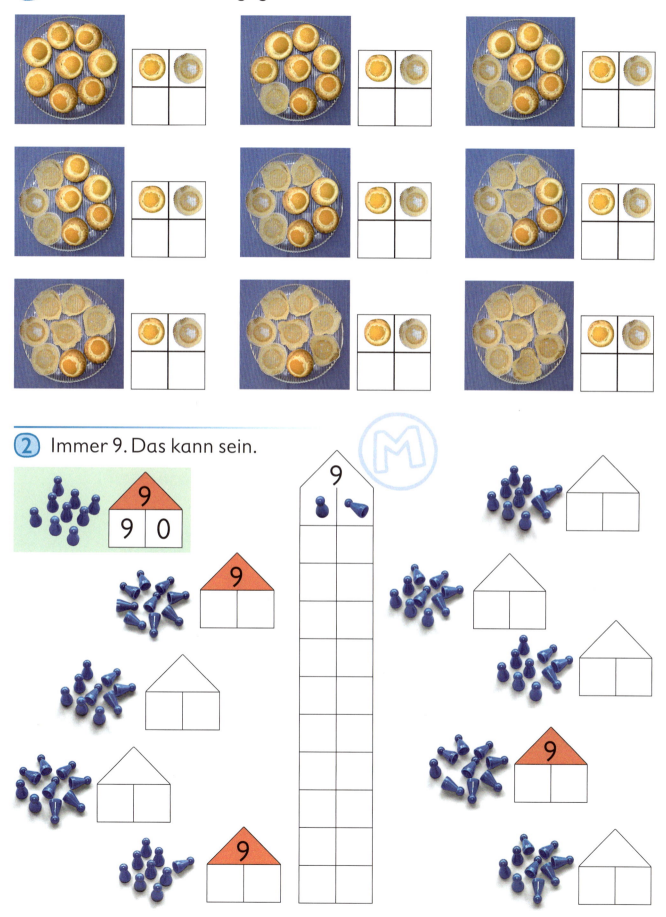

Anzahlen und Zerlegungen erkennen und notieren;
2 großes Zahlenhaus systematisch ausfüllen

Zahlen zerlegen – die Zahl 10

① Immer 10

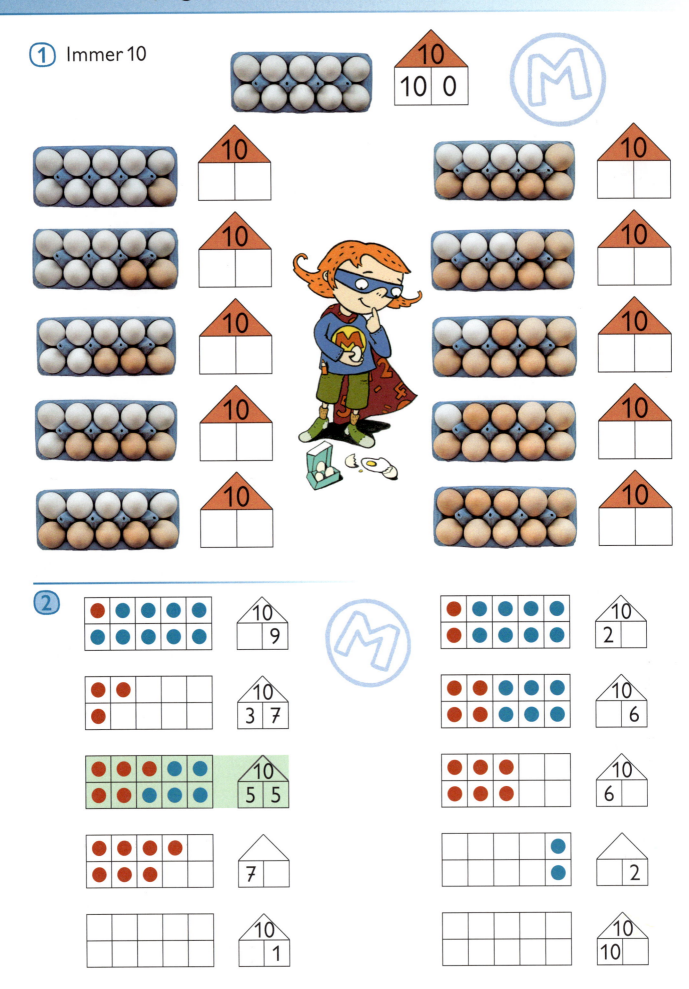

②

22

1 Zerlegungen der 10 in Zahlenhäusern notieren;
2 fehlende Zahlen/Plättchen ergänzen

①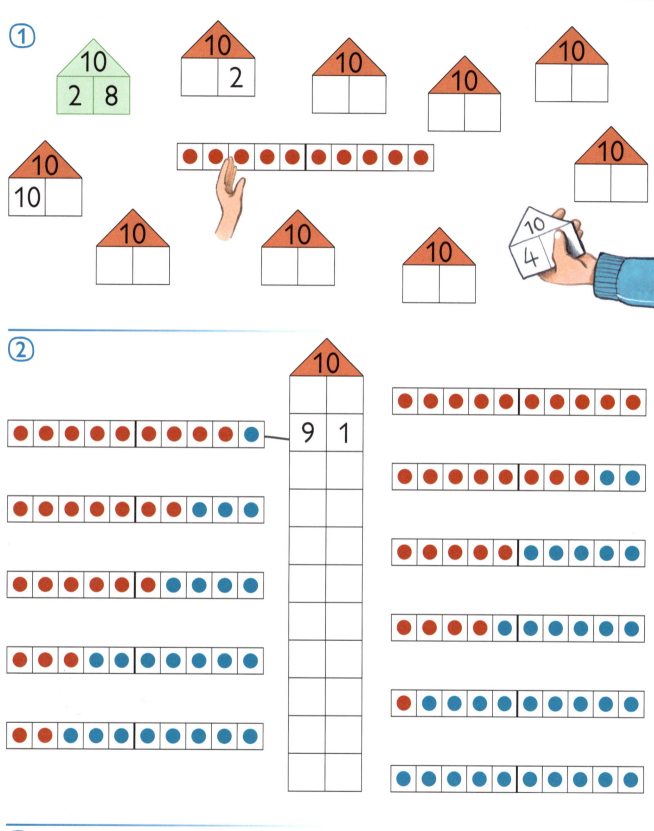

②

③ Immer 10 Plättchen

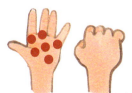 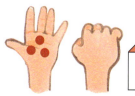

1, 2 Zahlenhäuser ausfüllen, geplantes Vorgehen anbahnen;
3 Händespiel zur Zehnerzerlegung nutzen

E ▶11   AH ▶12   A ▶11

Vergleichen

① Vergleiche, beschreibe!

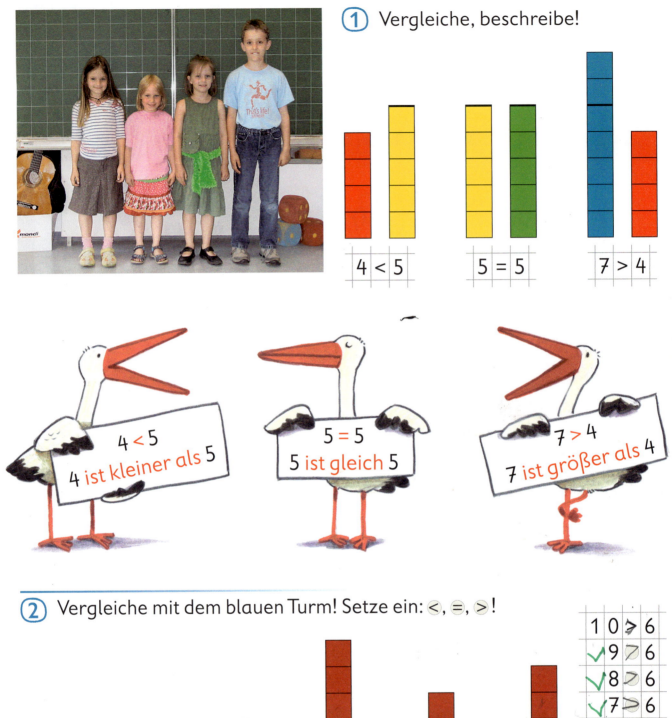

② Vergleiche mit dem blauen Turm! Setze ein: <, =, >!

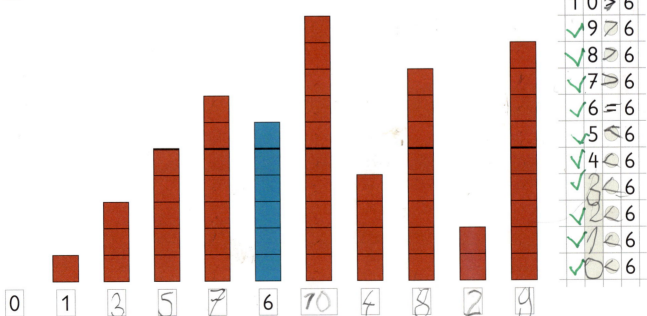

① Vergleiche, setze ein: <, =, >!

✓ 5=5 ✓ 3<5 ✓ 4>3

② Setze ein!

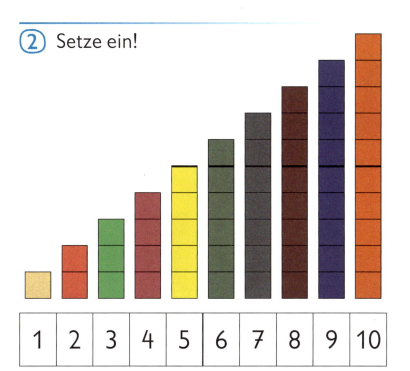

| 1 | 2 | 3 | 4 | 5 | 6 | 7 | 8 | 9 | 10 |

4 > 3	4 <	4 =
4 >	4 <	5 =
4 >	4 <	6 =
4 >	4 <	7 =
	<	=

7 >	8 <	10 >
7 =	8 =	10 >
7 <	8 >	10 >
7 <	8 >	10 >

③ Setze das richtige Zeichen ein!

2 > 1	3 > 2	4 < 5	5 ○ 0	6 ○ 6	9 ○ 4
2 < 3	3 > 1	4 < 6	5 ○ 4	6 ○ 5	9 ○ 6
2 < 0	3 > 0	4 < 4	5 ○ 5	6 ○ 4	9 ○ 8
2 < 2	3 > 3	4 > 0	○ 6	○ 0	9 ○ 10

④ Welche Zahlen passen?

3 =	4 >	6 <	7 >	8 <	9 <
3 <	4 =	6 <	7 >	8 =	9 =
3 <	4 <	6 =	7 >	8 >	9 >
3 <	4 <	6 >	7 =	8 >	9 >

1 Anzahlen vergleichen und notieren; 2 Diagramm lesen und beschreiben, Zahlenband anbahnen, Größenvergleiche symbolisch notieren; 3 Relationszeichen einsetzen; 4 Systematik anbahnen

E▶12 AH▶13 A▶12

25

Ist gleich

①

5 = 2 + 3
5 ist gleich 2 plus 3

② Immer 5, immer 6. Schreibe wie im Beispiel!

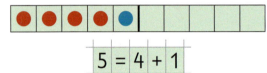

5 = 4 + 1

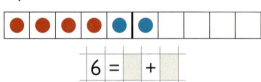

6 = ☐ + ☐

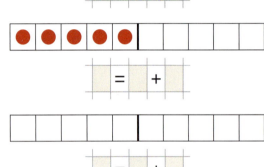

☐ = ☐ + ☐

☐ = ☐ + ☐

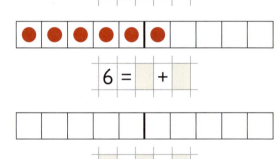

6 = ☐ + ☐

☐ = ☐ + ☐

③ Male!

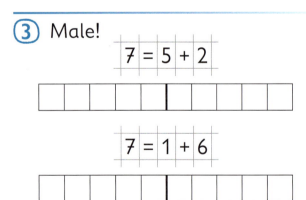

7 = 5 + 2

7 = 1 + 6

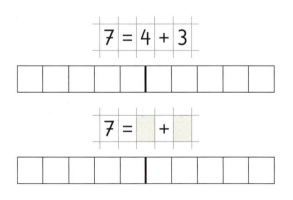

7 = 4 + 3

7 = ☐ + ☐

④ Schreibe als Aufgabe!

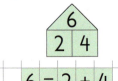

6 = 2 + 4   ☐ = ☐ + ☐   ☐ = ☐ + ☐   ☐ = ☐ + ☐   ☐ = ☐ + ☐

① Immer 6

6 = 1 + 5   6 = ⬜ + ⬜   6 = ⬜ + ⬜

6 = ⬜ + ⬜   6 = ⬜ + ⬜   6 = ⬜ + ⬜

② Überlege am Zehnerfeld!

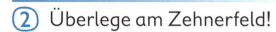

7 = ⬜ + ⬜	7 = ⬜ + ⬜
7 = ⬜ + ⬜	7 = ⬜ + ⬜
7 = ⬜ + ⬜	7 = ⬜ + ⬜
7 = 3 + 4	7 = ⬜ + ⬜

③
8 = ⬜ + ⬜
8 = ⬜ + ⬜
8 = ⬜ + ⬜
8 = ⬜ + ⬜
8 = ⬜ + ⬜
8 = ⬜ + ⬜
8 = ⬜ + ⬜
8 = ⬜ + ⬜
8 = ⬜ + ⬜

④ Rechne, verbinde!

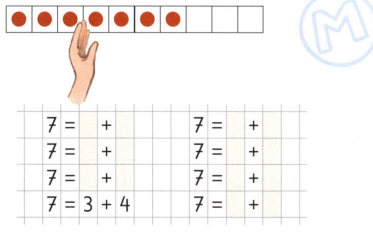

3 = 3 + 0
4 = 3 + ⬜
5 = 3 + ⬜
⬜ = ⬜ + ⬜

7 = 3 + ⬜
8 = 3 + ⬜
9 = ⬜ + ⬜
⬜ = ⬜ + ⬜

1 Zerlegungen der 6 in Aufgaben ausdrücken; 2, 3 Zehnerfeld für systematisches Vorgehen nutzen; 4 Zahlenhäuser den Aufgaben zuordnen

Addieren

①

②

③

1 dargestellte Situation nachspielen; den Tafelanschrieb als mathematische Darstellung der Situation verstehen; 2, 3 Bildfolge interpretieren, begleitend die Additionsgleichung entwickeln

Addieren am Zehnerfeld

1 Male, schreibe, rechne!

  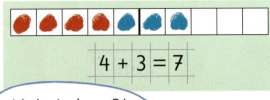

$4 + 3 = 7$

Male 4, dazu 3! Zusammen 7.

Male 4, dazu 1! Zusammen ☐.

$4 + 1 =$

Male 4, dazu 2! Zusammen ☐.

$4 + 2 =$

Male 4, dazu 4! Zusammen ☐.

☐ + ☐ = ☐

2 Male, rechne!

$2 + 1 =$ ☐   Male 2, dazu 1! Zusammen ☐.

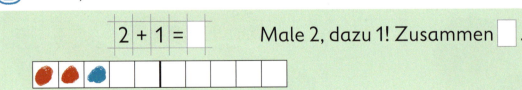

$3 + 2 =$ $5 + 3 =$

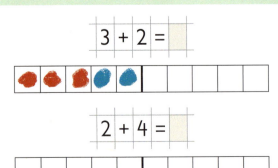

$2 + 4 =$ $7 + 2 =$

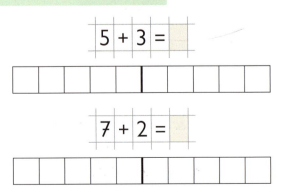

32

Plättchen ins Zehnerfeld malen,
Aufgaben schreiben und rechnen
E▶16 AH▶16 A▶16

① Lege, rechne!

3 + 5 = 8   Lege 3, dazu 5! Zusammen 8.
2 + 6 = 8   Lege 2, dazu 6! Zusammen 8.
5 + 4 = 9   Lege 5, dazu 4! Zusammen 9.
6 + 3 = 9   Lege 6, dazu 3! Zusammen 9.

Rechne am Zehnerfeld!

② 2 + 0 = 2   3 + 0 =   ③ 4 + 0 =   7 + 0 =
   2 + 1 = 3   3 + 1 =   4 + 1 =   7 + 1 =
   2 + 2 = 4   3 +   =   4 +   =   7 +   =
   2 + 3 = 5   3 +   =   4 +   =   7 +   =
   2 + 4 = 6   3 +   =   4 +   =   7 +   =

Was verändert sich? Rechne geschickt!

④ 5 + 0 =   6 + 0 =   ⑤ 6 + 3 =   8 + 2 =
   5 + 1 =   6 + 1 =   5 + 4 =   7 + 3 =
   5 + 2 =   6 + 2 =   4 +   =   6 + 4 =
   5 + 3 =   6 + 3 =   3 + 6 =   5 +   =
   5 +   =   6 +   =   2 +   =   4 +   =
   5 +   =   6 +   =   +   =   +   =
     +   =   +   =   +   =   +   =

⑥ Lege 6, dazu ☐! Zusammen 7.   ☐ + ☐ = 7

   Lege 5, dazu ☐! Zusammen 7.   ☐ + ☐ = 7

   Lege ☐, dazu 3! Zusammen 9.   ☐ + ☐ = 9

   Lege ☐, dazu 5! Zusammen 9.   ☐ + ☐ = 9

Legen mit Plättchen als Lösungsstrategie üben;
4, 5 Strukturen erkennen und fortsetzen
E▶16 AH▶16 A▶16

33

Addieren am Zehnerfeld

① Schreibe, rechne!

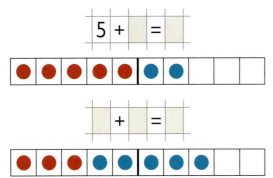
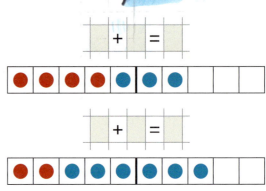

② Male, rechne!

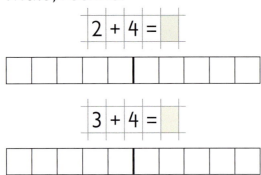
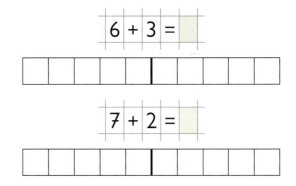

Super-Päckchen. Was verändert sich? Rechne geschickt!

③ 3 + 2 = 5
3 + 3 = 6
3 + 4 = 7
3 + 5 = 8
3 + 6 = 9
3 + 7 = 10

④ 4 + 5 =
4 + 4 =
4 +   =
  +   =
  +   =
  +   =

⑤ 1 + 0 =
2 + 1 =
3 +   =
  +   =
  +   =
  +   =

⑥ Ordne die Aufgaben zum Super-Päckchen!

0 + 8 = 8	+ =	+ =
+ =	+ =	+ =
+ =	+ =	+ =

34

Addieren – Super-Päckchen

Was verändert sich?

① Male, schreibe, rechne!

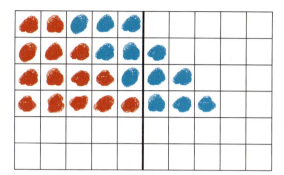

2 + 3 =
_ + _ =
_ + _ =
_ + _ =
6 + 3 =
7 + 3 =

② Rechne schnell!

6 + 3 =
4 + 3 =
2 + 3 =
0 + 3 =
1 + 3 =
3 + 3 =

③ Male das Muster! Rechne geschickt!

3 + 6 = 9
4 + _ = 9
_ + _ = 9
_ + _ = 9
_ + _ = 9
_ + _ = 9

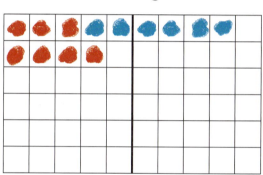

④ Rechne schnell!

6 + 3 =
_ + 4 = 9
_ + 5 = 9
_ + 6 = 9
_ + 7 = 9
_ + 8 = 9

Super-Päckchen. Ergänze die fehlenden Aufgaben!

⑤
8 + 2 =
7 + 2 =
_ + 2 =
_ + _ =
_ + _ =
_ + _ =

⑥
2 + 5 =
3 + 4 =
_ + _ =
5 + 2 =
_ + _ =
7 + _ =

⑦
0 + 1 =
1 + 2 =
_ + 3 =
3 + _ =
_ + _ =
_ + _ =

⑧ Lisa nimmt immer 2 Kärtchen. Finde viele Möglichkeiten!

4 9 7 1 5
   8 2 3 6

Zusammen weniger als 10.

_ + _ =
_ + _ =
_ + _ =
_ + _ =
_ + _ =
_ + _ =

35

1, 3 Veränderung erkennen und weiterführen; 2, 4 schnelles Rechnen durch Nutzen der Struktur;
5–7 Strukturen erkennen, Aufgaben systematisch ergänzen; 8 Aufgaben zur Bedingung finden
E▶17 AH▶17 A▶17

Addieren – Rechengeschichten

36

Rechnen mit 3 Summanden

① Immer 10. Male, schreibe, rechne!

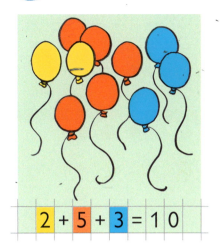
2 + 5 + 3 = 10

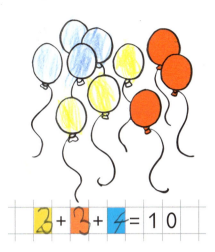
3 + 3 + 4 = 10

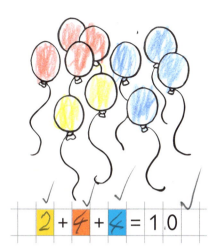
2 + 4 + 4 = 10

② Immer 3 Farben. Schreibe und rechne!

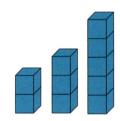 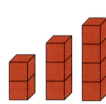 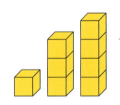 

2 + 3 + 3 =	8
+ + =	
+ + =	
+ + =	
+ + =	
+ + =	
+ + =	

Welche Zahl passt?

③ 3 + 4 + 1 =
5 + 1 + 3 =
3 + 2 + 4 =
6 + 1 + 2 =

④ 2 + 6 + 0 =
1 + 3 + 4 =
4 + 3 + 2 =
5 + 1 + 2 =

⑤ 3 + 1 + 6 =
7 + 2 + 1 =
3 + 5 + 4 =
6 + 4 + 1 =

8 8 8 8 9 9 9 9 10 10 11 12 12

⑥ Nimm immer 3 Kärtchen. Finde verschiedene Aufgaben!

5 + 1 + 3 =
4 + 2 + 3 =
1 + 5 + 2 =
3 + 4 + 5 =

1 2 3 4 5

+ + =
+ + =
+ + =
+ + =

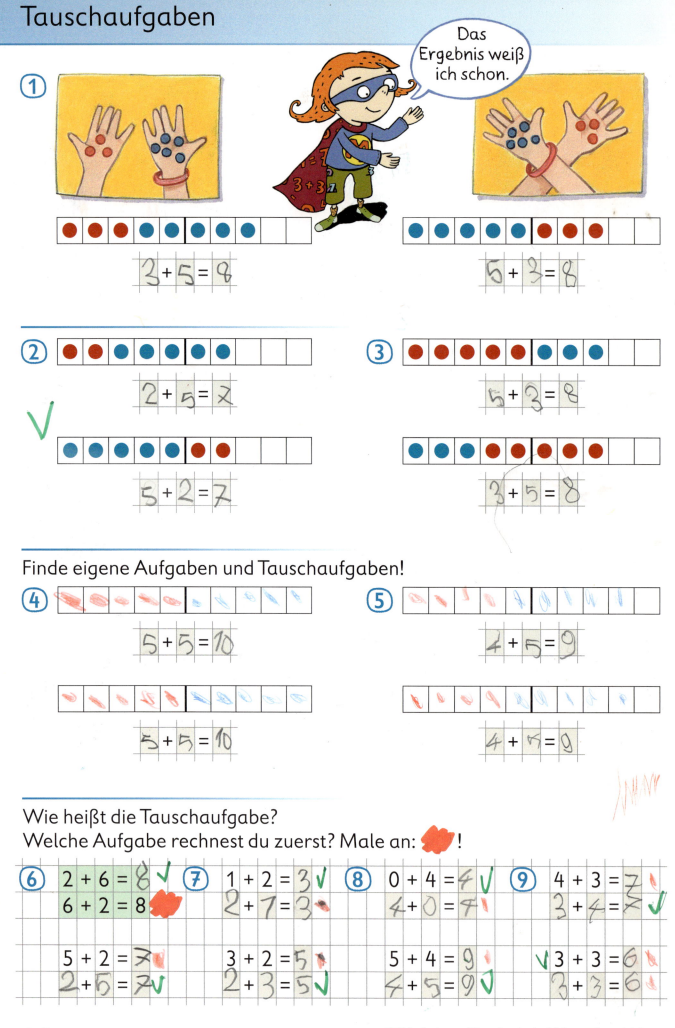

Ergänzen

① Wie viele noch?

"… und 1 für mich."

 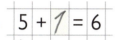 5 + 1 = 6   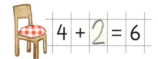 4 + 2 = 6   3 + 3 = 6

② Immer 10. Wie viele dazu?

   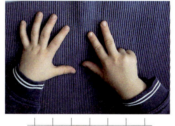   

5 + 5 = 1 0   8 + 2 = 1 0   7 + 3 = 1 0

4 + 6 = 1 0 ✓   2 + 8 = 1 0 ✓   3 + 7 = 1 0 ✓

③ Immer 6

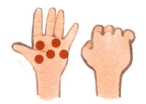   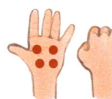   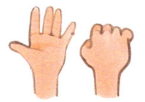   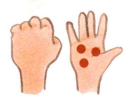

5 + 1 = 6 ✓   4 + 2 = 6 ✓   0 + 6 = 6 ✓   3 + 3 = 6 ✓

1 Ergänzungsaufgaben bilden (Bonbons, Stühle, Saft, Gläser, Kinder);
2 auf 10 ergänzen; **3** Händespiel

39

Subtrahieren

①

②

6   6 − 2   4

6 − 2 = 4

③

4   4 − 1   3

4 − 1 = 3

40   Bild/Sachsituationen deuten;
minus als Wegnehmen, Weggehen, Abnehmen etc.

Subtrahieren am Zehnerfeld

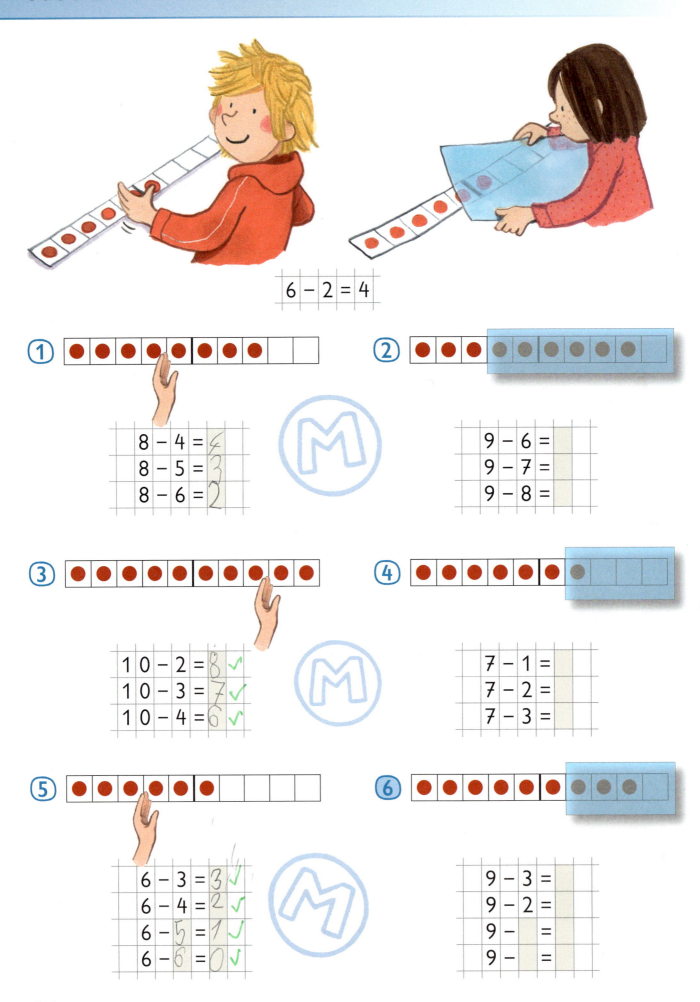

42

Minusaufgaben durch Wegnehmen oder Abdecken am Zehnerfeld lösen

Decke am Zehnerfeld ab!

①

7 – 0 =	7 – 4 =
7 – 1 =	7 – 5 =
7 – 2 =	– =
7 – 3 =	– =

②

10 – 4 =	10 – 2 =	10 – 7 =
10 – 6 =	10 – 8 =	10 – 3 =
10 – 5 =	10 – 0 =	10 – 10 =
10 – 1 =	10 – 9 =	

③ Decke ab! Finde alle Aufgaben!

8 – 2 =	8 – 8 =	8 – 5 =
8 – 4 =	8 – 3 =	8 – 1 =
– =	– =	– =

Super-Päckchen. Setze fort!

④
7 – 7 =
7 – 6 =
7 – 5 =
7 – =
7 – =
– =
– =
– =

⑤
9 – 1 =
9 – 2 =
9 – =
9 – 4 =
9 – =
– =
– =
– =

⑥
8 – =
8 – 1 =
8 – 2 =
8 – 3 =
8 – 4 =
– =
– =
– =

⑦
10 – =
10 – 2 =
10 – =
10 – 4 =
10 – =
– =
– =
– =

1 Aufgaben systematisch notieren, Bedeutung der Null; 2, 3 Aufgaben am Zehnerfeld lösen, alle Aufgaben finden; 4–7 Aufgaben systematisch fortsetzen und lösen

43

Übungen zum Subtrahieren

① Was hat sich verändert?

| 1 0 – 5 = |
| 7 – 4 = |
| 6 – 5 = |
| 8 – 4 = |

| 6 – 1 = |
| 7 – 7 = |
| 6 – 2 = |
| 7 – 5 = |

②
1 0 – 2 =
1 0 – 3 =
1 0 – 4 =
1 0 –   =

③
8 – 8 =
8 – 7 =
8 – 6 =
  –   =

④
5 – 3 =
6 – 3 =
7 – 3 =
  –   =

⑤
2 – 0 =
4 – 2 =
6 – 4 =
  –   =

⑥

„Gib mir 2, dann haben wir gleich viele!"

Teresa   Marco

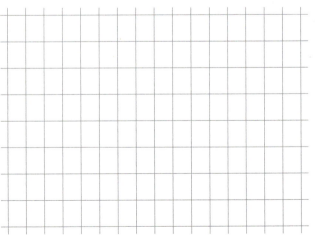

44

1 Rechengeschichten im Bild finden; Aufgaben lösen, mit passendem Bild verbinden;
2–5 Aufgaben systematisch lösen; 6 Nachspielen mit Bonbons oder Plättchen

Subtrahieren üben – Bildaufgaben

Umkehraufgaben

Wegnehmen oder hinlegen?

$6 - 1 = 5$
$5 + 1 = 6$

① Rechne!

$8 - 3 = 5$
$5 + 3 = 8$

$9 - 2 = 7$
$7 + 2 = 9$

$6 - 1 = 5$ ✓ ✓
$5 + 1 = 6$ ✓ ✓

②
$10 - 2 =$
$+ 2 =$

$10 - 3 =$
$+ =$

③
$8 - 0 =$
$+ =$

$8 - 6 =$
$+ =$

$10 - 4 =$
$+ 4 =$

$10 - 5 =$
$+ =$

$8 - 4 =$
$+ =$

$8 - 8 =$
$+ =$

④
$8 - 3 + 3 =$
$8 - 2 + 2 =$
$8 - 1 + 1 =$
$- + =$

⑤
$3 + 6 - 6 =$
$3 + 5 - 5 =$
$3 + 4 - 4 =$
$+ - =$

⑥
$7 - 4 + = 7$
$7 - 3 + = 7$
$7 - + 2 = 7$
$7 - + = 7$

46   1 Bildsituationen deuten, Umkehroperationen kennen und anwenden lernen; 2, 3 Umkehraufgaben bilden; 4–6 Lösungsvorteile durch genaues Ansehen und geschicktes Rechnen nutzen

Addieren und Subtrahieren

(1) Plus oder minus? Verbinde!

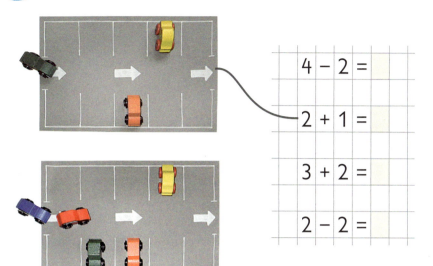
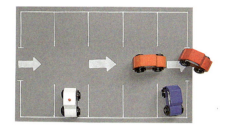

4 − 2 =

2 + 1 =

3 + 2 =

2 − 2 =

(2) Schreibe die passende Aufgabe!

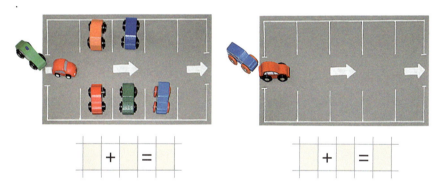
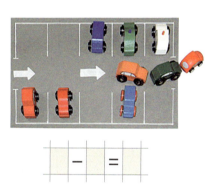

☐ + ☐ = ☐   ☐ + ☐ = ☐   ☐ − ☐ = ☐

3 Zahlen – 4 Aufgaben
Schreibe Aufgabenfamilien!

(3)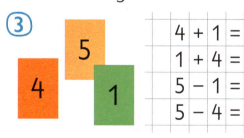

4 + 1 =
1 + 4 =
5 − 1 =
5 − 4 =

(4)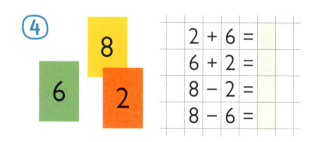

2 + 6 =
6 + 2 =
8 − 2 =
8 − 6 =

(5)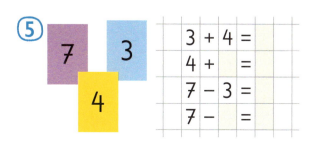

3 + 4 =
4 + ☐ =
7 − 3 =
7 − ☐ =

(6)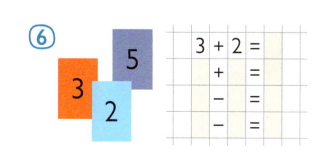

3 + 2 =
☐ + ☐ =
☐ − ☐ =
☐ − ☐ =

Das kann ich schon!

48

Die Zahlen 11 bis 20

 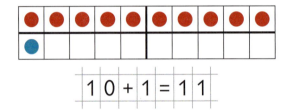

$10 + 1 = 11$

Z	E
1	1

 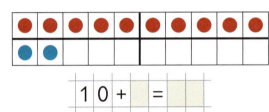

$10 + = $

Z	E

 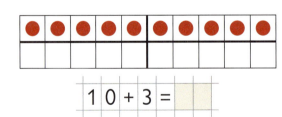

$10 + 3 = $

Z	E

 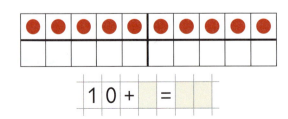

$10 + = $

Z	E
1	4

50 — systematische Zahlenraumerweiterung, Erkennen von Analogien, strukturiertes Zählen (vorwärts, rückwärts, in Schritten) vertiefen; Einführung des Zwanzigerfeldes (Beilage nutzen) und der Stellentafel

 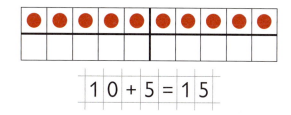

10 + 5 = 15

 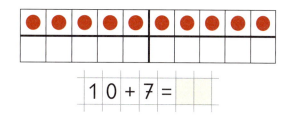

10 + ⬚ = 16

 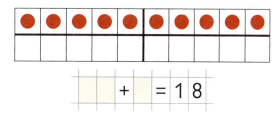

10 + 7 =

 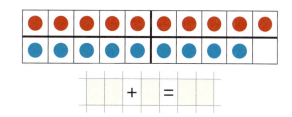

⬚ + ⬚ = 18

 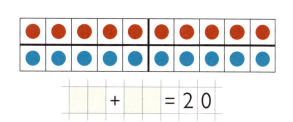

⬚ + ⬚ =

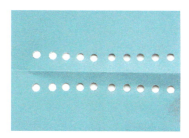

⬚ + ⬚ = 20

51

Zahlenraum bis 20

① Wie viele? Male!

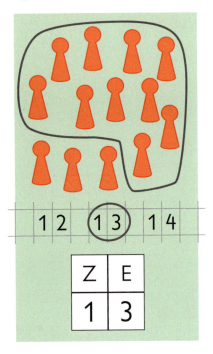

| 12 | ⑬ | 14 |

Z	E
1	3

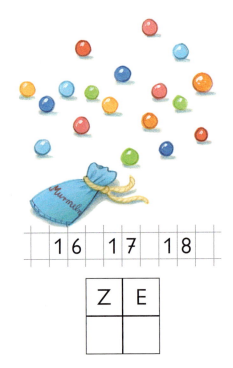

| 16 | 17 | 18 |

Z	E

| 15 | 16 | 17 |

Z	E

| 14 | 15 | 16 |

Z	E

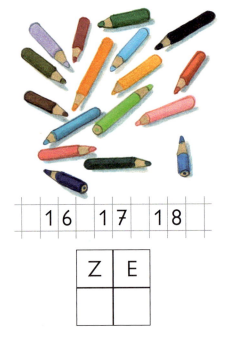

| 16 | 17 | 18 |

Z	E

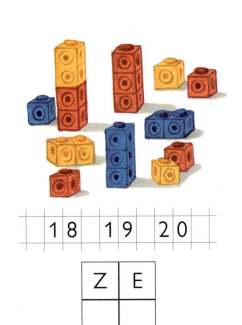

| 18 | 19 | 20 |

Z	E

② Ergänze!

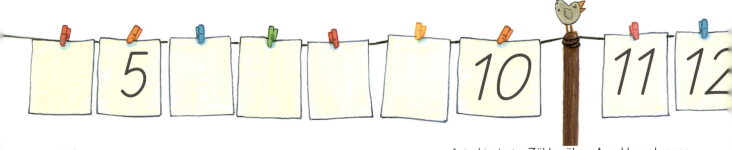

52

1 strukturiertes Zählen üben, Anzahlen erkennen, benennen, einkreisen; 2 Zahlreihe fortsetzen
E▶26 AH▶26 A▶26

Ergänze!

②
Vorgänger	Zahl	Nachfolger
	3	
	13	
	9	
	19	

③
V	Z	N
	5	
14		16
7		
		19

④
V	Z	N
		12
	14	
		16
	18	

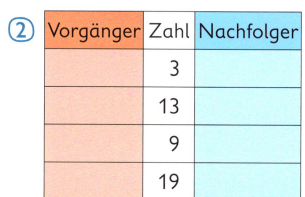

1–4 Vorgänger, Nachfolger bzw. Nachbarzahlen bestimmen

53

Zahlenband – Zahlenfolgen

① Springe am Zahlenband!

| 1 | 2 | 3 | 4 | 5 | 6 | 7 | 8 | 9 | 10 | 11 | 12 | 13 | 14 | 15 | 16 | 17 | 18 | 19 | 20 |

| 2 | 4 | | | | | | | | |

| 1 | 3 | | | | | | | | |

② Springe am Zahlenband!

| 1 | 2 | 3 | 4 | 5 | 6 | 7 | 8 | 9 | 10 | 11 | 12 | 13 | 14 | 15 | 16 | 17 | 18 | 19 | 20 |

| 20 | 18 | | | | | | | | |

| 19 | 17 | | | | | | | | |

③ Ergänze! Male an!

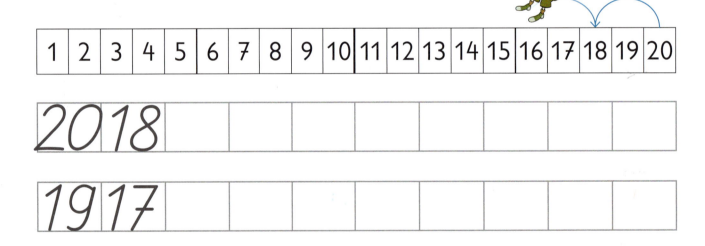

| 1 | 2 | | | 5 | | | 8 | | 10 |
| | 12 | | 14 | | | 17 | | 19 | |

| 1 | 11 | 3 | 13 | 5 | 15 | | | | |

54

1, 2 Zahlenfolgen fortsetzen;
3 Zahlenfolge bilden, Strukturen erkennen

Vergleichen und ordnen

| 1 | 2 | 3 | 4 | 5 | 6 | 7 | 8 | 9 | 10 | 11 | 12 | 13 | 14 | 15 | 16 | 17 | 18 | 19 | 20 |

① Vergleiche, setze ein: <, =, >!

3 ○ 9   8 ○ 6   1 ○ 7   5 ○ 10
13 ○ 19   18 ○ 16   11 ○ 17   15 ○ 20

② Vergleiche, setze ein: <, =, >!

13 ○ 14   14 ○ 18   6 ○ 16   9 ○ 7
13 ○ 13   18 ○ 14   16 ○ 6   9 ○ 9
13 ○ 12   19 ○ 16   17 ○ 0   9 ○ 11
13 ○ 11   16 ○ 19   0 ○ 17   9 ○ 13

③ Welche Zahlen passen?

12 = ___   14 > ___   16 > ___
12 < ___   14 = ___   16 > ___
12 < ___   14 < ___   16 = ___
12 < ___   14 < ___   16 < ___

④ Setze ein!

10 + 6 ○ 17
10 + 7 ○ 17
10 + 8 ○ 17
10 + 9 ○ 17

Ordne! Verbinde!

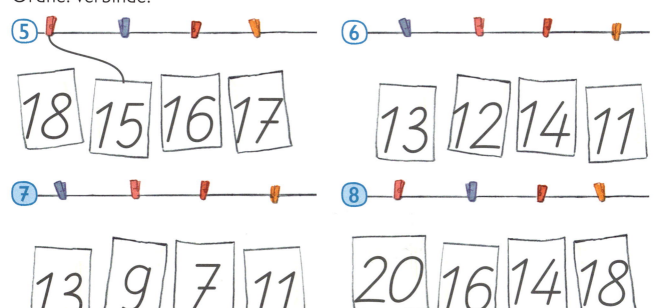

⑤ 18 15 16 17   ⑥ 13 12 14 11

⑦ 13 9 7 11   ⑧ 20 16 14 18

1 Zahlen vergleichen, Analogien erkennen;
2–4 Systematik anbahnen; 5–8 Zahlen ordnen

55

Unser Geld – Euro und Cent

① Unsere Münzen und Scheine

1 Euro
1 €

  10 Cent
10 ct

Kennst du noch andere Scheine?

② Lege nach! Wie viel ist es?

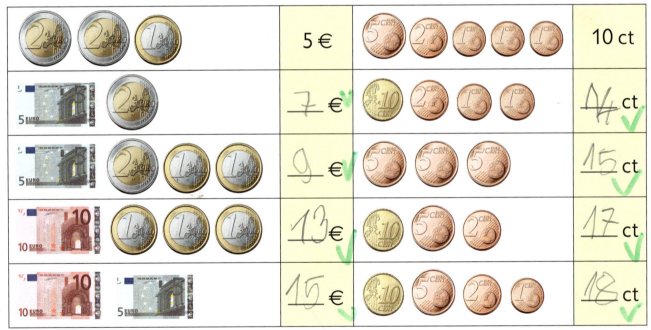

③ Lege und male!

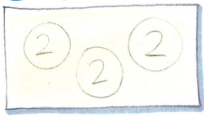  

6 €   12 €   17 €

56   1 Münzen und Scheine kennen lernen; 2 Beträge nachlegen und ermitteln, ggf. mit weniger Münzen den gleichen Betrag legen; 3 Beträge legen und malen

① Lege nach!

Ali hat ____ Cent.　　　　　　　　　　　　　　　　Ina hat ____ Cent.

② Wer hat das meiste Geld? Kreuze an!

Tom hat ____ Cent. ☐　　　Lena hat ____ Cent. ☐　　　Tim hat ____ Cent. ☐

③ Lege mit möglichst wenigen Münzen: 7 ct, 9 ct, 13 ct, 17 ct, 20 ct!

④ Was kann sein?  Immer 3 Münzen.

	3 ct

1, 2, 4 Geldwerte vergleichen, mehr – weniger, Münzwerte eintragen, errechnen, vergleichen; 3, 4 strategisch vorgehen, besprechen, mit Münzen umgehen

E ▶ 28　AH ▶ 28　A ▶ 28

57

Addieren im Zahlenraum bis 20

① Rechne! Begründe mit der Grundaufgabe!

12 + 3 = 1 5 , denn 2 + 3 = 5

12 + 2 = 14, denn	2 + 2 = 4 ✓
12 + 4 = 16, denn	2 + 4 = 6 ✓
12 + 6 = 18, denn	2 + 6 = 8 ✓
12 + 8 = 20, denn	2 + 8 = 10 ✓

② Besondere Aufgaben

0 + 2 = 2 ✓	10 + 2 = 12 ✓	0 + 3 = 3 ✓	10 + 3 = 13 ✓
0 + 4 = 4 ✓	10 + 4 = 14 ✓	0 + 5 = 5 ✓	10 + 5 = 15 ✓
0 + 6 = 6 ✓	10 + 6 = 16 ✓	0 + 7 = 7 ✓	10 + 7 = 17 ✓
0 + 8 = 8 ✓	10 + 8 = 18 ✓	0 + 9 = 9 ✓	10 + 9 = 19

Dazulegen

11 + 2 = 13

③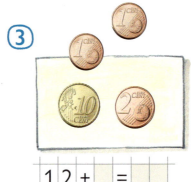

12 + ___ = ___

④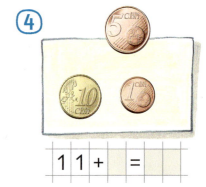

11 + ___ = ___

⑤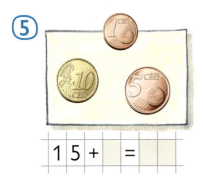

15 + ___ = ___

⑥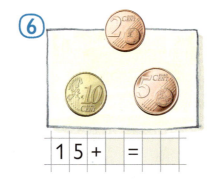

15 + ___ = ___

⑦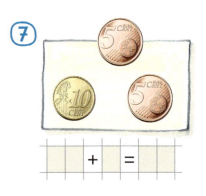

___ + ___ = ___

58   1 Vorwissen nutzen, Analogien erkennen; 2 Rechnen mit 0 und 10;
3–7 Aufgaben bilden und lösen

Addieren am Zwanzigerfeld

①

1 4 + 0 =	1 4 + 1 =
1 4 + 2 =	1 4 + 3 =
1 4 + 4 =	1 4 + 5 =
1 4 + 6 =	1 4 + 7 =

Rechne geschickt!

②
1 3 + 2 =
1 3 + 3 =
1 3 + 4 =
1 3 + 5 =

③
1 5 + 2 =
1 5 + 3 =
1 5 + 4 =
1 5 + 5 =

④
1 6 + 1 =
1 6 + 2 =
1 6 + 3 =
1 6 + 4 =

⑤
1 5 + 2 =
1 6 + 2 =
1 7 + 2 =
1 8 + 2 =

⑥
1 2 + 5 =
1 3 + 4 =
  +   =
  +   =

⑦
1 6 + 4 =
1 7 + 3 =
  +   =
  +   =

1 Analogieaufgaben anwenden;
2–7 Rechenvorteile sehen, schnelles Rechnen trainieren

Subtrahieren im Zahlenraum bis 20

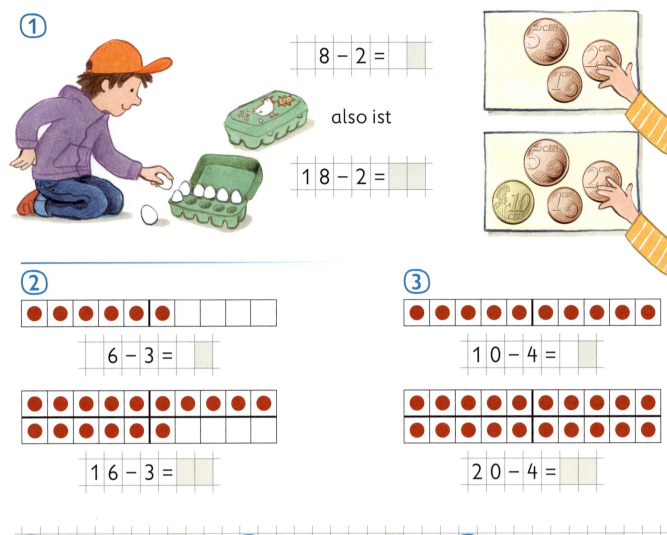

① 8 − 2 =

also ist

18 − 2 =

② 6 − 3 =

16 − 3 =

③ 10 − 4 =

20 − 4 =

④ 7 − 2 =
17 − 2 =

8 − 3 =
18 − 3 =

⑤ 5 − 1 =
15 − 1 =

9 − 4 =
19 − ☐ =

⑥ 6 − 4 =
16 − 4 =

4 − 2 =
☐ − ☐ =

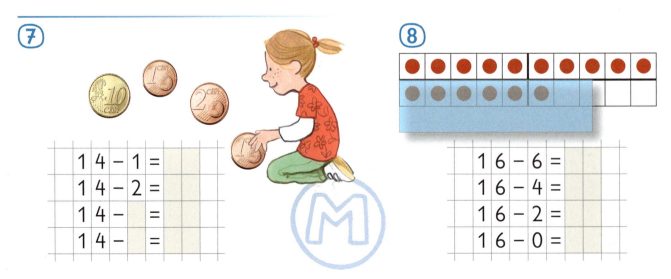

⑦ 14 − 1 =
14 − 2 =
14 − ☐ =
14 − ☐ =

⑧ 16 − 6 =
16 − 4 =
16 − 2 =
16 − 0 =

1–8 Analogien erkennen und als Lösungsstrategie nutzen;
7 weitere Aufgaben zum vorgegebenen Minuend notieren

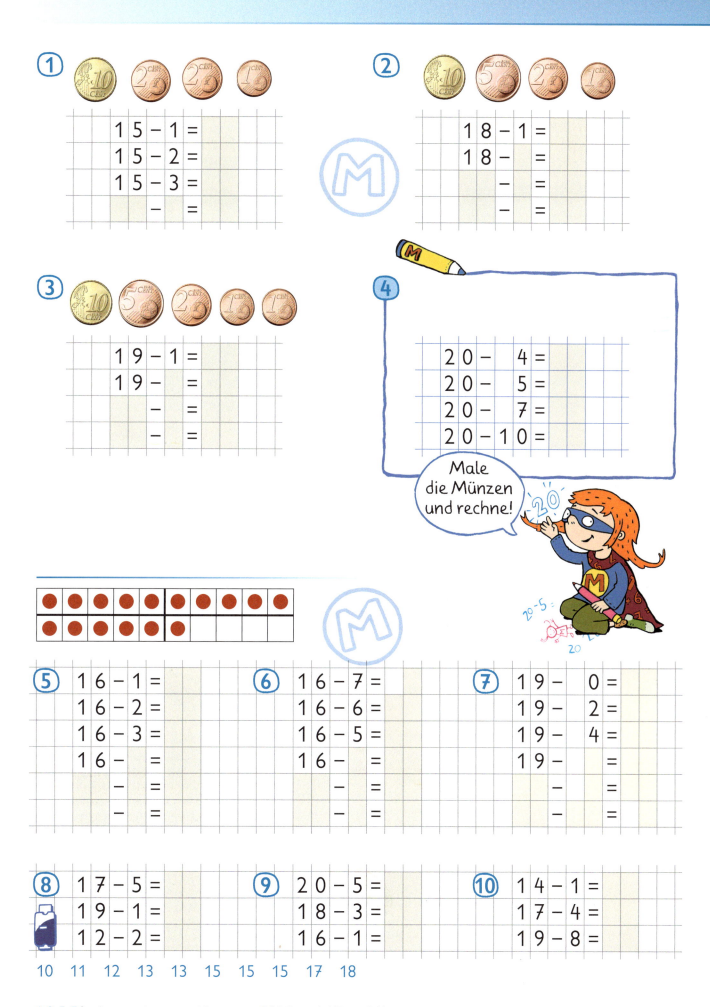

Kinderflohmarkt

62

1, 2 Geldbetrag feststellen, Preis davon abziehen, Restbetrag notieren; 3 eigene Aufgabe bilden

① Luise kauft: 　Luise gibt: 　Sie bekommt zurück:

5 € + 1 € =   €　　　　　10 € −   € =   €

② Tobi kauft: 　Tobi gibt: 　Er bekommt zurück:

  € +   € =   €　　　　20 € −   € =   €

③ Kevin kauft: 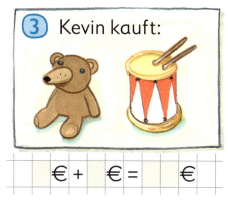　Kevin gibt: 　Er bekommt zurück:

  € +   € =   €　　　　 € −   € =   €

④ Ich kaufe:　　Ich gebe:　　Ich bekomme zurück:

1–3 Geldbeträge feststellen, Summen und Restbeträge berechnen und notieren; 4 eigene Aufgabe bilden

63

Körper in der Umwelt

Verbinde mit der passenden Farbe!

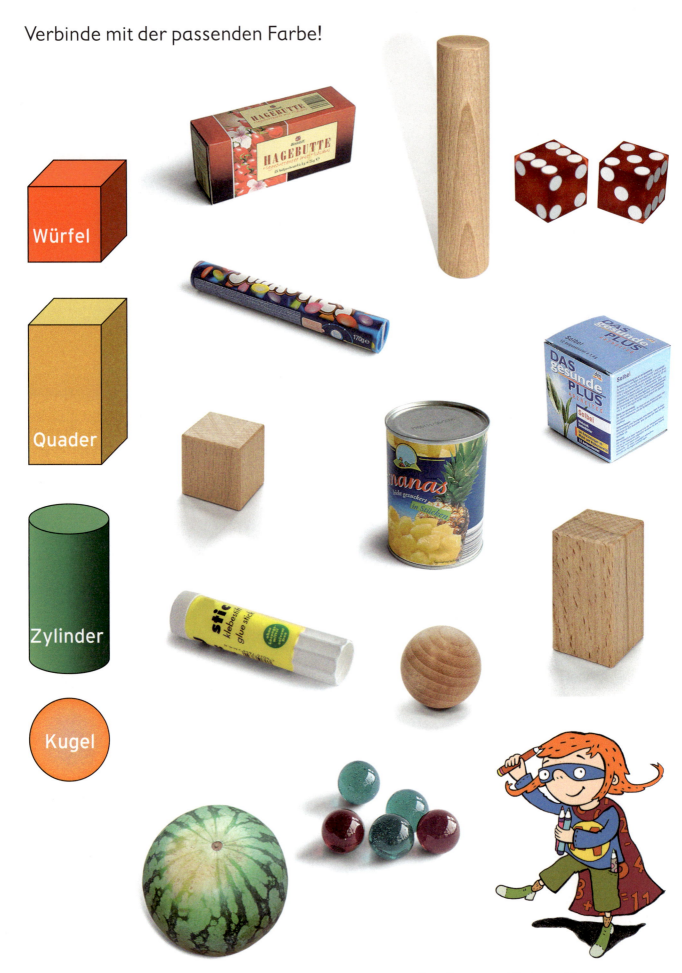

Grundformen von Körpern in Alltagsgegenständen wiedererkennen, zuordnen; Körper formen

Geometrische Körper

Welche Formen wurden benutzt? Erzähle und male wie im Beispiel an!

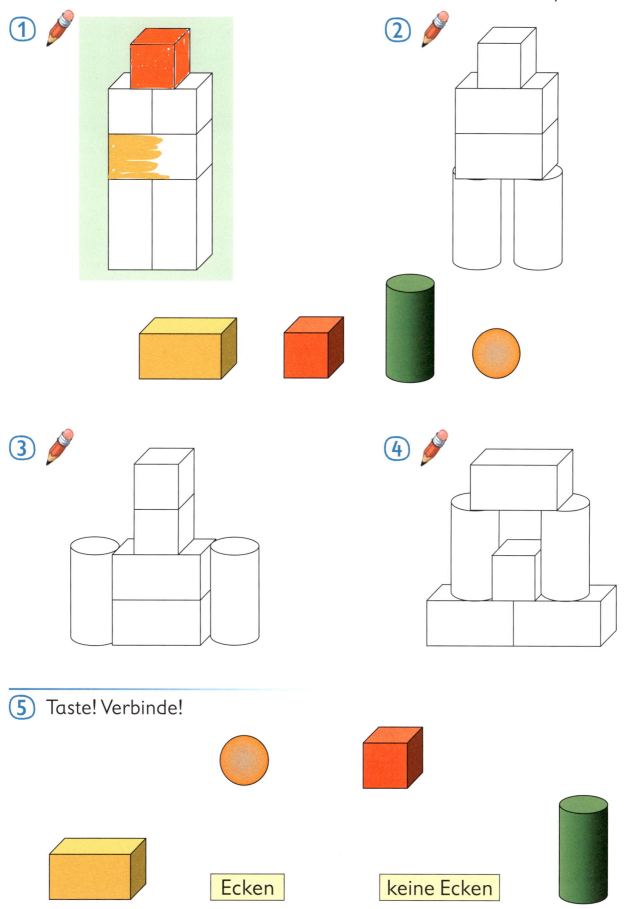

⑤ Taste! Verbinde!

Ecken   keine Ecken

1–4 Gebäude nachbauen; Körper erkennen und färben;
5 Körper nach Formmerkmalen unterscheiden

65

Würfelbauten

① Bauen und Baupläne schreiben

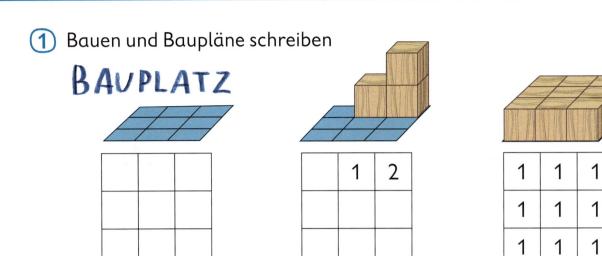

② Immer 9 Würfel. Baue, vervollständige die Baupläne!

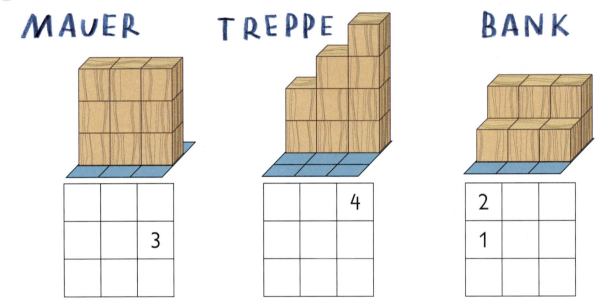

③ Verbinde Bilder, die zu demselben Bau gehören!

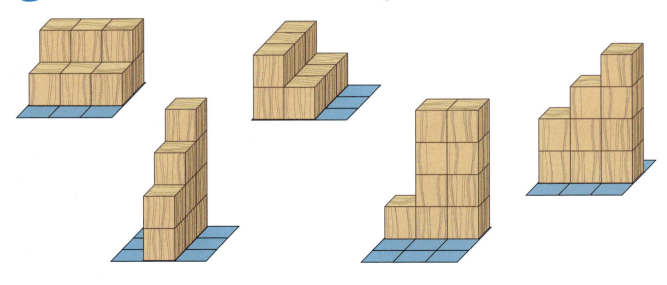

① Schreibe zu jedem Gebäude den Bauplan!
Zusammen immer 9 Würfel.

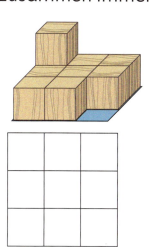 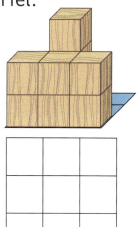 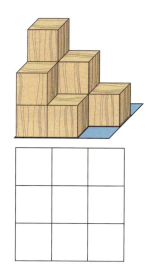

② Was gehört zusammen? Verbinde!

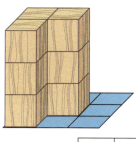

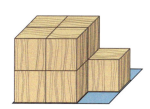

③ In welcher Reihenfolge wurde umgebaut?

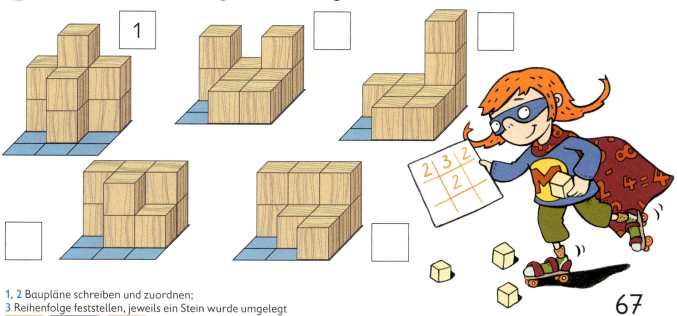

1, 2 Baupläne schreiben und zuordnen;
3 Reihenfolge feststellen, jeweils ein Stein wurde umgelegt

67

Das kann ich schon!

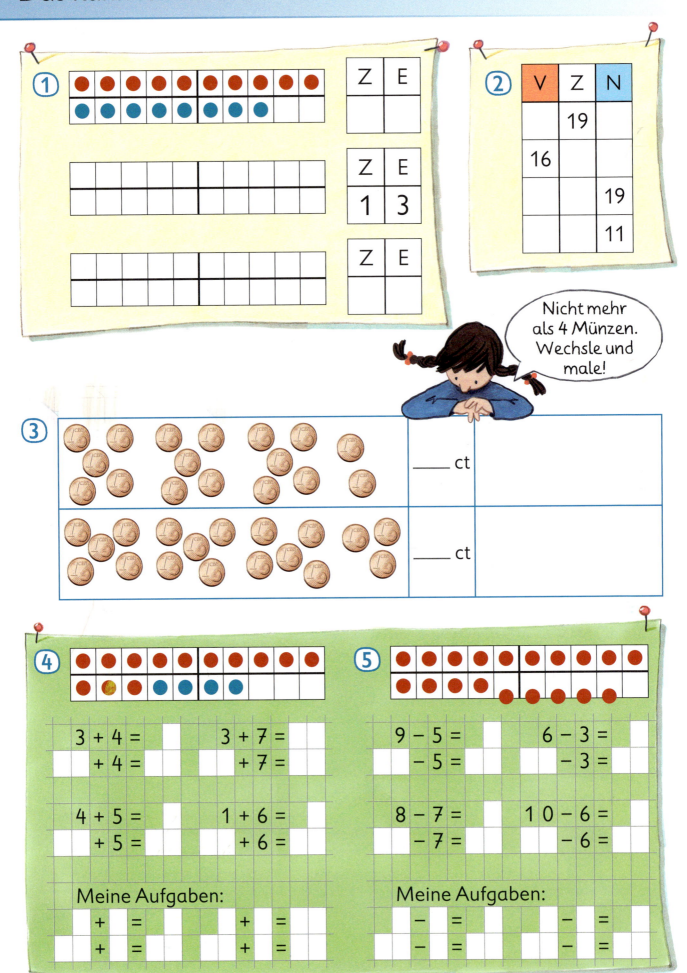

68   1 Zahlbildung; 2 Vorgänger/Zahl/Nachfolger; 3 Geldbeträge wechseln; 4, 5 Analogieaufgaben der Addition und Subtraktion

Ordnungszahlen

Wer kommt auf den 1., 2. … Platz? Kästchen in der Hemdfarbe anmalen; Kressetopf mit dem passenden Tagesschild verbinden; zu den Stockwerken Ordnungszahlen ergänzen

Knobelaufgaben

① Der Fisch soll nach rechts schwimmen.
Es reicht, 3 Hölzer umzulegen.

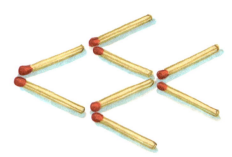

② Würfle! Setze ein! Was stellst du fest?

oben	unten
5	6
1	6
6	0
3	3
4	1
2	3

③ Wer bekommt den Schatz?

④ Umlegen – umfärben
Immer 2 Teile werden umgelegt. Male sie an!

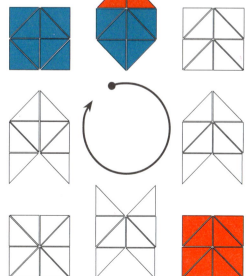

1 Streichhölzer umlegen; 2 Summe der Augenzahlen finden; 3 Irrgarten;
4 mit Formenplättchen nachlegen, die umgelegten Dreiecke mit Rot bzw. Blau kennzeichnen
E ▶ 35   AH ▶ 34   A ▶ 35

71

Verdoppeln

①

② Verdopple wie im Beispiel! Male aus!

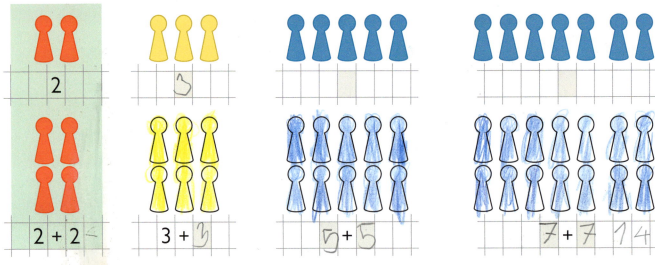

2 + 2 3 + 3 5 + 5 7 + 7 14

Verdoppeln geht immer.

③ Verdopple!

2 + 2 = 4   5 + 5 = 10

3 + 3 = 6   6 + 6 = 12

4 + 4 = 8   9 + 9 = 18

Zahl	1	2	3	4	5	6	7	8	9	10
das Doppelte			6							

Verdoppeln heißt, die gleiche Anzahl noch einmal hinzuzufügen

Halbieren

①

Für jeden die Hälfte.

Genau falten.

Gerecht teilen.

Halbieren geht nicht immer.

② Halbiere wie im Beispiel! Male aus!

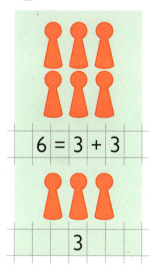

6 = 3 + 3

3

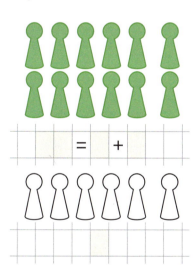

= +

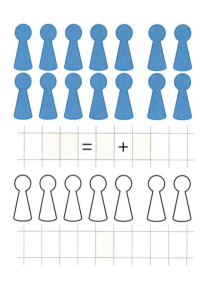

= +

③ Welche Zahlen kannst du halbieren? Male sie blau an!

Zahl	1	2	3	4	5	6	7	8	9	10	11	12	13	14	15
die Hälfte		1		2		3									

Gerade und ungerade Zahlen

① Wie geht es weiter? Male die Punktefelder!
Färbe die Felder auf dem Zahlenband!

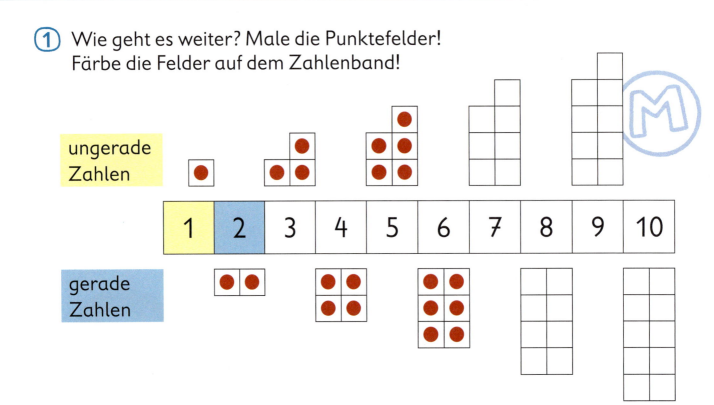

② Hausnummern
Was fällt dir auf? Wie geht es weiter? Trage ein!

③ Hausnummern linke Seite: 🟡   Hausnummern rechte Seite: 🔵

| 1 | 2 | 3 | 4 | 5 | 6 | 7 | 8 | 9 | 10 | 11 | 12 | 13 | 14 | 15 | 16 | 17 | 18 | 19 | 20 |

ungerade Zahlen:

gerade Zahlen:

74   gerade und ungerade Zahlen unterscheiden;
2 Bild vom Kind aus betrachten

Zusammen 14, eine gerade Zahl
Was kann sein?

①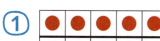

```
12 +    = 14
10 +    = 14
 8 +    = 14
   +    = 14
   +    =
```

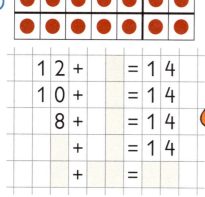

Mir fällt auf …

②
```
13 +    = 14
11 +    = 14
   +    = 14
   +    = 14
   +    = 14
```

③ Zusammen eine ungerade Zahl
Erprobe erst, dann …

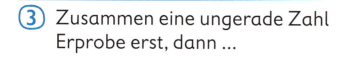

```
10 +    = 11       9 +    = 11       2 +    = 13       1 +    = 13
 8 +    = 11       7 +    = 11       4 +    = 13         +    = 13
   +    = 11         +    = 11         +    = 13         +    = 13
   +    =            +    =            +    =            +    =
   +    =            +    =            +    =            +    =
```

Besondere Aufgaben geschickt rechnen

Ich rechne 4 + 4 + 1.

Achte auf die Endziffer.

Das geht nur bei geraden Zahlen.

  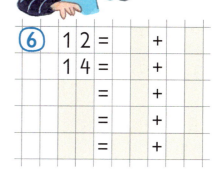

④
```
4 + 5 =
5 + 6 =
6 + 7 =
  +   =
  +   =
```

⑤
```
9 + 3 = 12
9 + 5 =
9 + 7 =
9 +   =
9 +   =
```

⑥
```
12 =    +
14 =    +
   =    +
   =    +
   =    +
```

1–3 Ist das Ergebnis eine gerade oder eine ungerade Zahl?
4–6 geschickt rechnen
E▶37 AH▶36 A▶37

75

Addieren mit Zehnerübergang – Rechenkonferenz

② Rechne wie Lena! Male und schreibe!

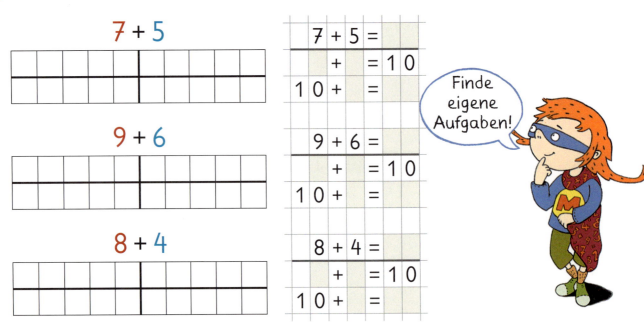

über eigenen Rechenweg nachdenken, passendes Arbeitsmittel nutzen, über geschicktes Rechnen nachdenken, eigene Aufgaben finden

① **Lege und schreibe!**

"Ich fülle immer den Zehner auf." — Ali

7 + 6 =
7 + 3 = 10
10 + 3 =

8 + 7 =
8 + 2 = 10
10 + 5 =

7 + 4 =
__ + __ = 10
10 + __ =

6 + 8 =
__ + __ = 10
10 + __ =

5 + 9 =
__ + __ = 10
10 + __ =

8 + 5 =   7 + 9 =   6 + 5 =   5 + 8 =

② **Verdoppeln hilft.**

6 + 7 =
6 + 6 = 12
12 + 1 = 13

8 + 9 =
__ + __ =

7 + 8 =

5 + 6 =

6 + 8 =   9 + 7 =   5 + 7 =   7 + 9 =

③ **Legen und rechnen mit Geld hilft.**

4 + 8
4 + 8 = 12

3 + 8 =   4 + 9 =   3 + 9 =
5 + 9 =   8 + 3 =   4 + 7 =
8 + 5 =   6 + 9 =   9 + 8 =

11 11 11 12 12 13 13 14 15 17

1 am Zwanzigerfeld legen, Rechenweg notieren;
2 Verdoppeln als Strategie nutzen; 3 mit Geld rechnen
E ▶ 38   AH ▶ 37   A ▶ 38

Addieren mit Zehnerübergang

5 + 4 = 9
Summand Summand Summe

① Bilde die Summe!

5 + 4 =	6 + 3 =	2 + 7 =
5 + 5 =	6 + 4 =	3 + 7 =
5 + 6 =	6 + 5 =	4 + 7 =
5 + 7 =	6 + 6 =	5 + 7 =
5 + 8 =	6 + 7 =	6 + 7 =

② Tausche die Summanden!

| 3 + 8 = | 5 + 7 = | 4 + 9 = | 6 + 1 0 = |
| 8 + 3 = | 7 + 5 = | 9 + 4 = | 1 0 + 6 = |

| 5 + 8 = | 6 + 9 = | 5 + 9 = | 8 + 1 0 = |
| +   = | +   = | +   = | +   = |

③ Verdoppeln hilft.

6 + 6 =	5 + 7 =	5 + 6 =	7 + 6 =
7 + 7 =	8 + 6 =	6 + 7 =	8 + 9 =
8 + 8 =	7 + 9 =	7 + 8 =	9 + 1 0 =

Rechne geschickt!
7 + 9
7 + 1 0 − 1

④
| 7 + 9 = |
| 5 + 9 = |
| 8 + 9 = |
| 6 + 9 = |
| 4 + 9 = |

⑤
| 6 + 8 = |
| 5 + 8 = |
| 7 + 8 = |
| 3 + 8 = |
| 4 + 8 = |

78 — Fachbegriffe „Summand", „Summe", „addieren" kennen lernen; verschiedene Rechenstrategien bei Aufgaben mit Zehnerübergang anwenden

① Addiere!

| 6 + 8 + 4 = |
| 7 + 5 + 3 = |
| 8 + 2 + 6 = |
| 9 + 5 + 1 = |

6 + 8 + 4 =
1 0 + 8 = 18

| 7 + 9 + 1 = |
| 5 + 6 + 4 = |
| 8 + 2 + 9 = |
| 9 + 8 + 1 = |

Was fällt dir auf? Ergänze!

②
3 + 9 =
4 + 8 =
5 + 7 =
 + =

③
4 + 9 =
5 + 8 =
6 + =
 + =

④
4 + 7 =
6 + 8 =
8 + =
10 + =

⑤ Male an! Ergänze die Summanden!

13 14 15 16

9 + 5

8 + 8

7 + 6

6 + 7

6 +

6 + 8

 + 5

 + 7

5 +

 + 7

 + 6

8 +

 + 9

⑥ Setze ein!

< 14   = 14   > 14

+	<
+	<
+	<

+	=
+	=
+	=

+	>
+	>
+	>

1 geschickt rechnen; 2–4 systematisch vorgehen;
5 Summanden ergänzen, einfärben; 6 Zahlen passend einsetzen

79

Subtrahieren mit Zehnerübergang – Rechenkonferenz

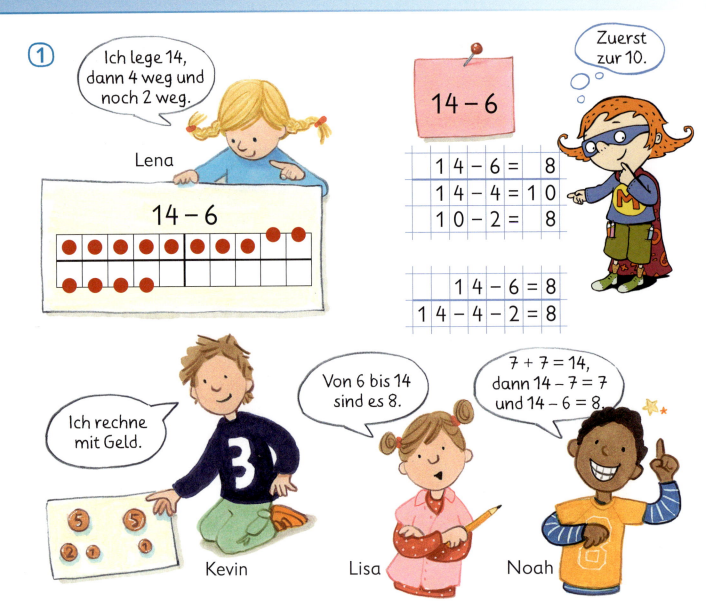

② Rechne wie Lena! Lege, male und schreibe!

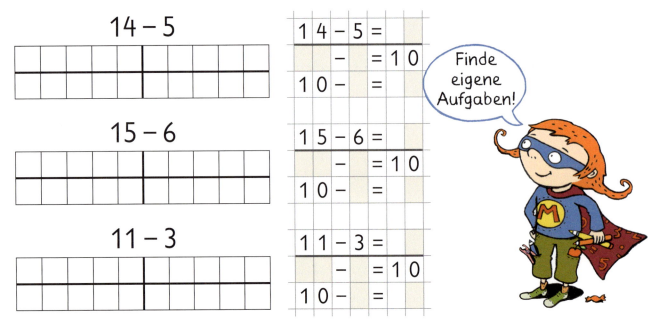

① Lege und schreibe!

Ali

Ich rechne immer zuerst zur 10.

13 − 6 =
13 − 3 = 10
10 − 3 =

15 − 7 =
15 − 5 = 10
10 − 2 =

11 − 4 =
  −   = 10
10 −   =

14 − 8 =
  −   = 10
10 −   =

12 − 4 =
  −   = 10
10 −   =

13 − 5 =

12 − 3 =

14 − 7 =

16 − 9 =

Legen und rechnen mit Geld hilft.

②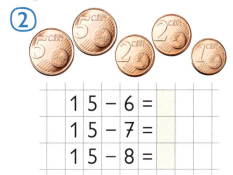

15 − 6 =
15 − 7 =
15 − 8 =

③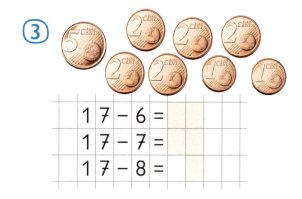

17 − 6 =
17 − 7 =
17 − 8 =

Rechne geschickt!

④ 12 − 2 =
12 − 4 =
12 − 6 =
12 − 8 =

⑤ 14 − 4 =
14 − 5 =
14 − 6 =
14 − 7 =

⑥ 13 − 3 =
13 − 5 =
13 − 7 =
13 − 9 =

⑦ 14 −   =
15 − 6 =
16 − 7 =
  − 8 =

⑧   −   =
16 − 8 =
15 − 8 =
14 − 8 =

⑨ 12 − 1 =
12 −   =
12 − 5 =
  − 7 =

1 am Zwanzigerfeld legen, Rechenweg notieren;
2, 3 mit Geld legen und rechnen; 4–9 geschickt rechnen, systematisch vorgehen

E ▶ 40   AH ▶ 39   A ▶ 40

Subtrahieren mit Zehnerübergang

Lege am Zwanzigerfeld!

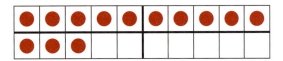 

① 13 − 5 =
13 − 6 =
13 − 7 =
13 − 8 =

② 15 − 6 =
15 − 7 =
15 − 8 =
15 − 9 =

③ 14 − 6 =
14 − 7 =
14 − 8 =
14 − 9 =

④ 12 − 5 =
13 − 6 =
14 − 7 =
15 − 8 =

⑤ 16 − 9 =
15 − 9 =
14 − 9 =
13 − 9 =

⑥ 11 − 8 =
13 − 8 =
15 − 8 =
17 − 8 =

Rechne schnell!

⑦ 14 − 6 =
17 − 9 =
12 − 4 =
13 − 7 =

⑧ 16 − 8 =
11 − 5 =
15 − 6 =
18 − 9 =

⑨ 12 −   = 5
14 −   = 9
16 −   = 7
13 −   = 9

4 5 5 6 6 7 8 8 8 8 9 9 9

⑩ Rechne! Kontrolliere mit der Umkehraufgabe!

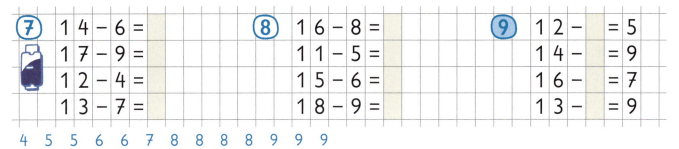

11 − 4 =   14 − 8 =   12 − 6 =   15 − 7 =
  + 4 = 11   + 8 =   +   =   +   =

⑪ Verbinde!

15 − 7   11 − 2   12 − 5
14 − 8   13 − 8   11 − 7

8   6   5   7   9   4

Aufgabenfamilien: 3 Zahlen – 4 Aufgaben

① 8 5 13

$8 + 5 = 13$
$5 + 8 =$
$13 - 5 =$
$13 - 8 =$

② 6 15 9

$6 + 9 =$
$9 + =$
$15 - =$
$15 - =$

③ 4 ☐ 12

$ + =$
$ + =$
$ - =$
$ - =$

Was fällt dir auf?

④
$14 - = 9$
$14 - = 5$
$13 - = 8$
$13 - = 5$

⑤
$16 - = 9$
$16 - = 7$
$15 - = 8$
$15 - = 7$

⑥
$13 - = 7$
$13 - =$
$12 - = 8$
$12 - =$

⑦ Ergänze! Male an!

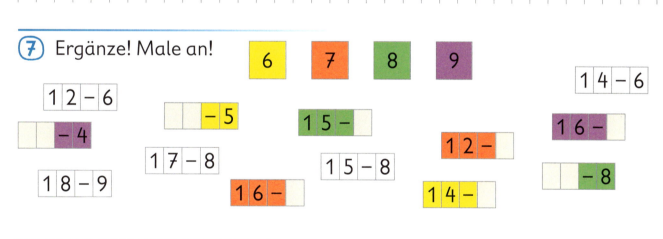

⑧ Setze ein!

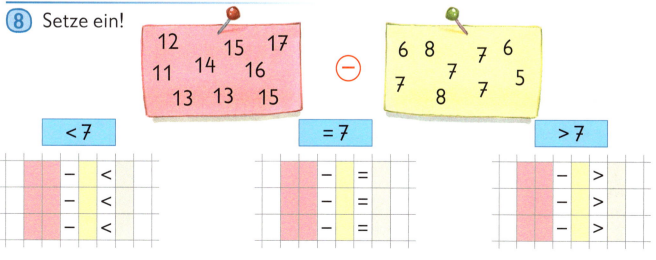

Überall Tabellen

① Unsere Klassendienste

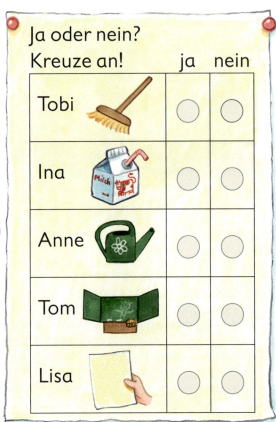

② Milchliste 1. Woche

③ Milchliste 2. Woche
   Trage ein!

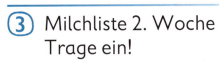

84   1 Tabellen lesen und ausfüllen; 2 Welches Getränk hat Lisa für die 1. Woche bestellt? 3 Angaben in der Tabelle notieren

In Tabellen rechnen

1 Rechne!

+	3	4	2
2	5		

2 + 3 = 5
2 + 4 =
2 + 2 =

2 Rechne!

−	1	2	3
6	5		

6 − 1 = 5
6 − 2 =
6 − 3 =

3

+	2	4	5	6
3				

4

−	3	4	5	6
7				

5

+	4	5	6	7
3				
4	8			

6

−	5	4	3	2
8				
10	5			

7

+	5	2	0	7
5				
7				

8

−	0	5	7	4
13				
9				

9 Kreuze an! Finde Aufgaben!

	< 10	= 10	> 10
5 + 4			
8 + 2			
20 − 9			
12 − 2			

10 In deiner Klasse. Trage ein!

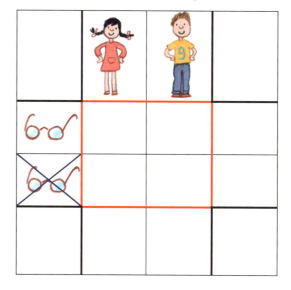

1–8 Aufgaben aus Tabellen ablesen; 9 in der Tabelle ankreuzen;
10 Vierfeldertafel, waagerecht und senkrecht in der letzten Spalte/Zeile die Summen bilden

85

Im Schwimmbad

①

2 Erwachsene __ €
1 Kind __ €
Summe ____ €

1 Erwachsener __ €
____ Kinder __ €
Summe ____ €

②

Eintritt:
Erwachsene 4 €
Kinder ab 4 Jahren 2 €

Erwachsene	1	2	3	4	5	6
Eintritt	4 €					

Kinder	1	2	3	4	5	6
Eintritt	2 €					

__ Erwachsene __ €
__ Kinder __ €
Summe ____ €

__ Erwachsene __ €
__ Kinder __ €
Summe ____ €

__ Erwachsene __ €
__ Kinder __ €
Summe ____ €

1, 2 Informationen aus Texten und Bildern gewinnen und nutzen;
2 Wie viel muss für ein Kind unter 4 Jahren bezahlt werden?

①

②

③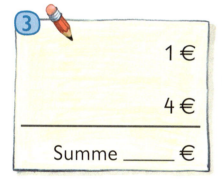

④

🥤	1	2	3	4	5	6
Preis	3 €					

🥤	1	2				
Preis	2 €					

🧁	1					
Preis						

Ich möchte …

1–4 Informationen aus Texten und Bildern gewinnen und nutzen;
4 ausgefüllte Tabellen für eigene Aufgabenstellungen nutzen

E ▶ 43   AH ▶ 42   A ▶ 43

87

Grundformen in der Umwelt

Verbinde! Umrande in der passenden Farbe und male aus!

88

geometrische Grundformen benennen, zuordnen, einfärben;
Vierecke erkennen; anderes Vieleck erkennen

Mit Formen malen und basteln

① Formentrolle. Welche Formen haben die Kinder benutzt? Erzähle!

② Umfahre die Formen auf dem Bild! Welche Formen kommen vor? Male sie an!

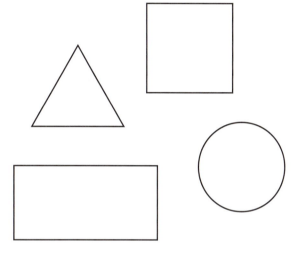

③ Umfahre die Formen auf dem Bild! Male die Formen auf!

geometrische Grundformen in den Bildern finden;
2, 3 Grundformen in entsprechender Farbe umfahren, notieren, welche Formen vorkommen

89

Geometrie in der Kunst

Paul Klee „Rote Brücke"

① Welche Formen erkennst du? Beschreibe! Male an!

   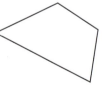

② Beschreibe, wo du die Formen findest!

③ Zähle alle! Wie viele sind es?

> Rechtecke und Quadrate sind auch Vierecke.

90

Formen erkennen, beschreiben und zählen;
3 Dreiecke, Vierecke (allgemeine Vierecke, Rechtecke, Quadrate), Kreise finden

E ▶ 45 AH ▶ 44 A ▶ 45

Falte und schneide!

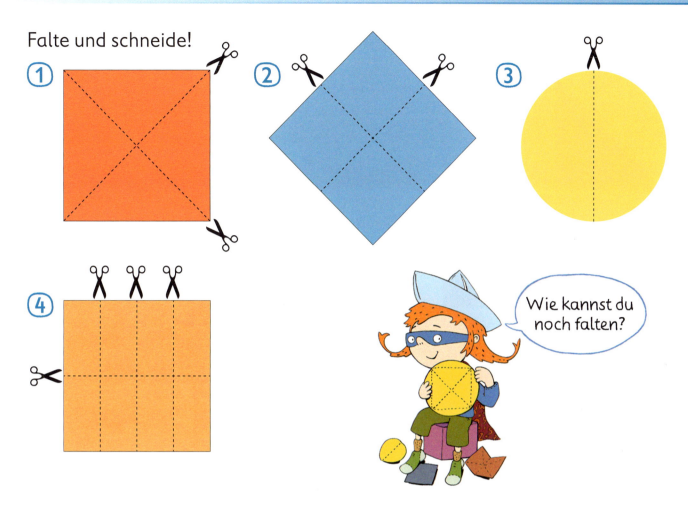

⑤ Welche Formen erhältst du?

⑥ Wie arbeiten die Kinder? Beschreibe!

⑦ Gestalte dein Bild!

1–4 quadratische Blätter bzw. Kreis falten und an der Faltlinie entlang zerschneiden;
5 Formen erkennen und benennen; **6, 7** Bildsituation deuten und danach ein eigenes Bild gestalten

Mit Formen legen

Lege nach!

①
HAUS

② TURM

③ Was ist das? Lege nach!

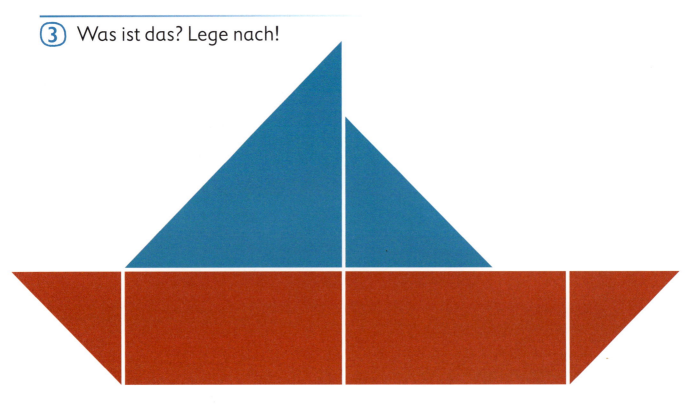

Figuren beschreiben, geometrische Bezeichnungen verwenden, Beziehungen der Formen und Farben beschreiben, nachlegen und eigene Bilder legen

Lege die Figuren ganz aus!
Finde Namen!
Zähle die Formen und trage ein!

Am Zahlenband rechnen

1 Zeige und rechne!

| 1 | 2 | 3 | 4 | 5 | 6 | 7 | 8 | 9 | 10 | 11 | 12 | 13 | 14 | 15 | 16 | 17 | 18 | 19 | 20 |

5 + 1 =   6 + 2 =   12 − 1 =   18 − 2 =
5 + 2 =   6 + 3 =   12 − 2 =   18 − 3 =
5 + 3 =   6 + 4 =   12 − 3 =   18 − 4 =
5 + 4 =   6 + __ =   12 − __ =   __ − __ =
5 + 5 =   __ + __ =   __ − __ =   __ − __ =
__ + __ =   __ + __ =   __ − __ =   __ − __ =

2 Färbe! Was stellst du fest?

| 1 | 2 | 3 | 4 | 5 | 6 | 7 | 8 | 9 | 10 | 11 | 12 | 13 | 14 | 15 | 16 | 17 | 18 | 19 | 20 |

1 + 4 = 5   2 + 4 =   19 − 4 =   20 − 4 =
5 + 4 =   6 + 4 =   15 − 4 =   16 − 4 =
9 + 4 =   10 + __ =   11 − 4 =   12 − __ =
13 + 4 =   __ + __ =   7 − __ =   __ − __ =

3 Über die 10

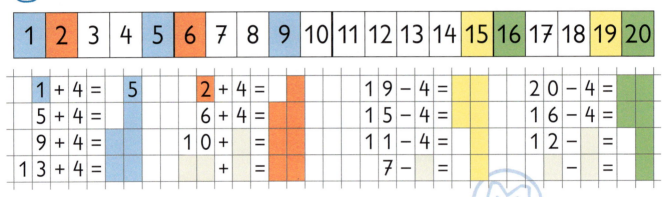

| 1 | 2 | 3 | 4 | 5 | 6 | 7 | 8 | 9 | 10 | 11 | 12 | 13 | 14 | 15 | 16 | 17 | 18 | 19 | 20 |

7 + 5 =
7 + 3 = 10
10 + 2 = 12

12 − 5 =
12 − 2 =
10 − 3 =

8 + 5 =   13 − 5 =   9 + 5 =   14 − 5 =
__ + __ = 10   __ − __ =   __ + __ = 10   __ − __ = 10
10 + __ =   __ − __ =   10 + __ =   10 − __ =

94   1 Super-Päckchen bearbeiten, Veränderungen am Zahlenband verfolgen; 2 Muster der eingefärbten Felder besprechen; 3 am Zahlenband rechnen, Aufgabe und Umkehraufgabe

Zahlenfolgen

1 Immer +2

2	+	2	=	4
4	+	2	=	
	+	2	=	
	+	2	=	
	+	2	=	
	+		=	

2 Immer +4

3	+	4	=	7
7	+	4	=	
	+		=	
	+		=	
	+		=	

3 Immer +5

0	+	5	=	
	+	5	=	
	+	5	=	
	+	5	=	

Schreibe als Zahlenfolge!

+2 : 2 4
+4 : 3 7
+5 : 0 5

4 Schreibe die Muster als Zahlenfolge!

1	2	**3**	4	5	**6**	7	8	**9**	10
11	**12**	13	14	**15**	16	17	**18**	19	20
21	22								

3   6

| 1 | 2 | **3** | **4** | 5 | 6 | **7** | **8** | 9 | 10 |
| **11** | **12** | 13 | 14 | **15** | **16** | 17 | 18 | **19** | **20** |

3   4

5 Finde die Fehler! Verbessere wie im Beispiel!

| 1 | 2 | 3 | 4 | 5 | 6 | ~~6~~ 7 | 8 | 9 | 10 | 11 |

| 0 | 2 | 4 | 7 | 8 | 10 | | 13 | 14 | 16 | 18 |

| 1 | 3 | 5 | 7 | 8 | | 11 | | 13 | 15 | 17 | 19 |

1–3 Super-Päckchen erzeugen, Ergebnisse als Zahlenfolgen notieren; 4 Muster im Zwanzigerfeld als Zahlenfolgen notieren; 5 Fehler im Muster finden und korrigieren

Zahlenmauern

① Trage die fehlenden Zahlen ein!

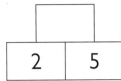 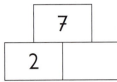  

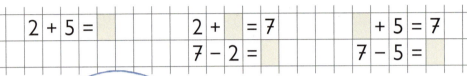

2 + 5 = ☐   2 + ☐ = 7   ☐ + 5 = 7
              7 − 2 = ☐   7 − 5 = ☐

② Berechne die fehlenden Zahlen!

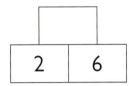 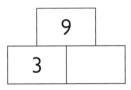 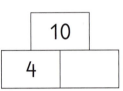

Suche mit der Schablone Dreier! Arbeite in Schritten!

③ 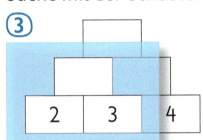   ④ 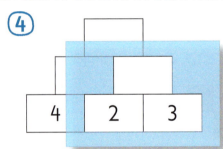   ⑤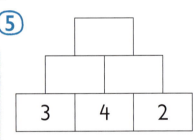

⑥ 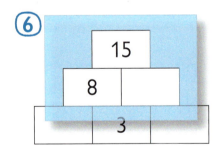   ⑦ 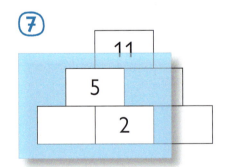   ⑧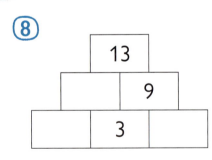

Benutze die Schablone! Was kann sein?
Setze passende Zahlen ein! Vergleiche mit deinem Partner!

⑨ 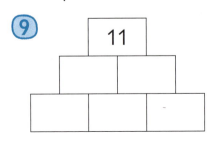   ⑩ 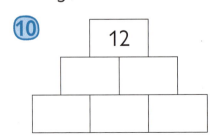   ⑪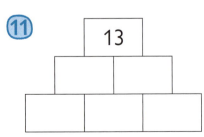

Überlege mit Hilfe der Schablone, wo du anfängst!

①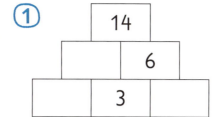

②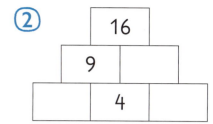

③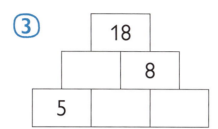

④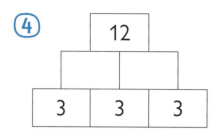

⑤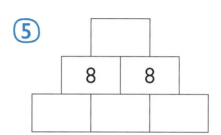

⑥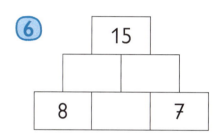

⑦ Baue Mauern aus 6 Steinen!
Finde verschiedene Möglichkeiten! Notiere deine Lösungen!

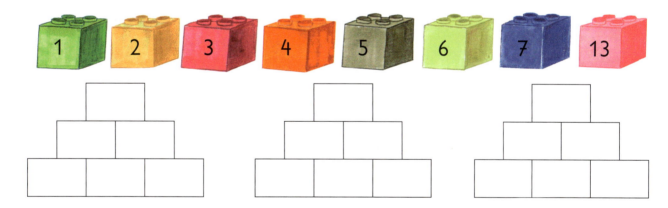

⑧ In der untersten Reihe nur ein anderer Stein. Probiere, begründe!

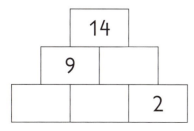

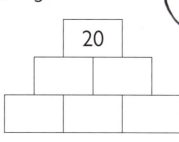

Die 2 schreibe ich wieder an die gleiche Stelle.

1–6 Lösungsstrategie finden; 7 Material nutzen;
8 Zusammenhang Basissteine/Deckstein
E▶48 AH▶47 A▶48

97

Sachrechnen

lesen
sehen
wissen

① Die Kinder haben 8 Bälle geholt. In der Kiste sind noch 6 Bälle.

Das weiß ich schon:
Die Kinder haben
☐ Bälle geholt.
☐ Bälle sind in der Kiste.

Das will ich wissen:
Wie viele Bälle gehören in die Kiste?

So finde ich das heraus:
☐ ○ ☐ = ☐

Das weiß ich jetzt:
☐ Bälle müssen nach der Pause in der Kiste sein.

②

8 Waffeln sind schon fertig.

Das weiß ich schon:
☐ Waffeln sind zu backen.
☐ Waffeln sind schon fertig.

Das will ich wissen:
Wie viele Waffeln müssen noch gebacken werden?

So finde ich das heraus:
☐ ○ ☐ = ☐

Das weiß ich jetzt:
Wir müssen noch ☐ Waffeln backen.

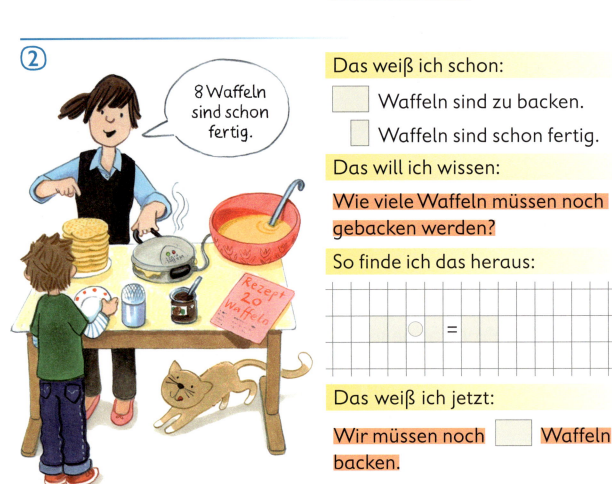

① Die Lehrerin hatte 18 Pinsel ausgeteilt. Boris und Sina sammeln die Pinsel ein.

Das weiß ich schon:

☐ Pinsel wurden ausgeteilt.

Boris hat ☐ Pinsel eingesammelt.

Sina hat ☐ Pinsel eingesammelt.

Das will ich wissen:

Sind alle Pinsel zurück?

So finde ich das heraus:

◯ ☐ = ☐

Boris und Sina haben ☐ Pinsel eingesammelt.

Wie viele Pinsel fehlen noch?

1 5 + ☐ = 1 8

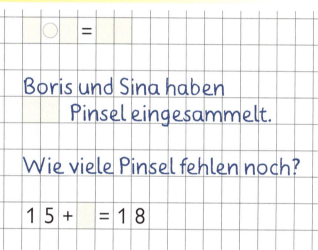

Das weiß ich jetzt:

☐ Pinsel fehlen.

erarbeitete Struktur zur Lösung einer komplexen Sachaufgabe nutzen

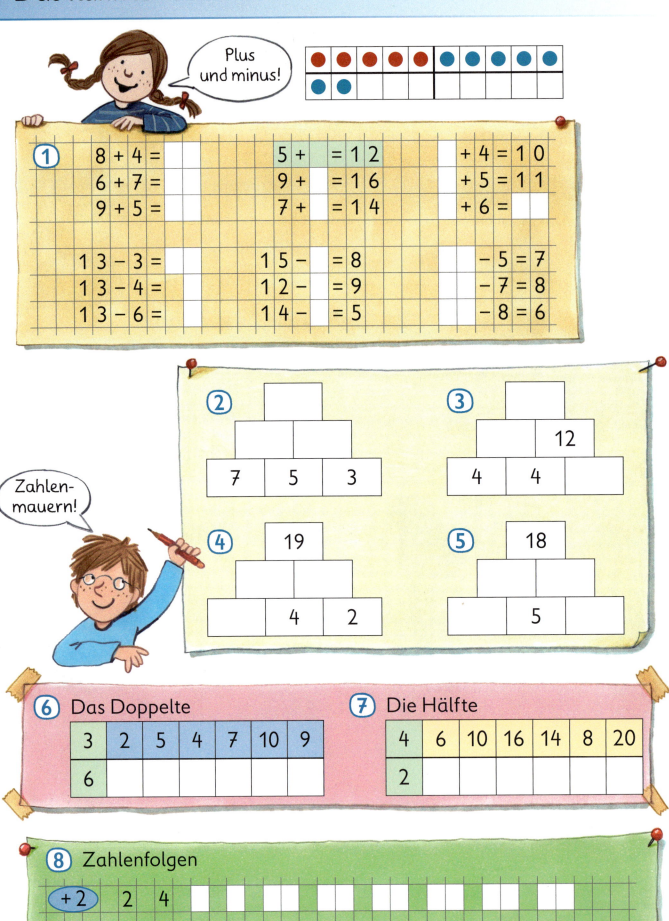

①

② Max möchte das rote Auto kaufen. Er hat gespart.

Das weiß ich schon:

Max hat ☐ € gespart.
Das rote Auto kostet ☐ €.

Das will ich wissen:

Wie viel Geld hat Max dann noch?

So finde ich das heraus:

Das weiß ich jetzt:

lesen
sehen
wissen

1 Formen erkennen und zählen;
2 Wie viel Geld hat Max übrig?
E ▶ 50   A ▶ 50

Ungleichungen

| 1 | 2 | 3 | 4 | 5 | 6 | 7 | 8 | 9 | 10 | 11 | 12 | 13 | 14 | 15 | 16 | 17 | 18 | 19 | 20 |

① Vergleiche am Zahlenband!

 Setze ein!

9 ○ 12   11 ○ 12   9 ○ 11
8 ○ 9   12 ○ 13   13 ○ 11
9 ○ 14   15 ○ 13   13 ○ 15
9 ○ 7   15 ○ 11   15 ○

② ☐ < 12   ③ 14 < ☐   ④ ☐ > 15   ⑤ 17 > ☐
   ☐ < 12   14 < ☐   ☐ > 15   17 > ☐
   ☐ < 12   14 < ☐   ☐ > 15   17 > ☐
   ☐ < 12   14 < ☐   ☐ > 15   17 > ☐

⑥ Finde Aufgaben wie im Beispiel!

8 11   8 < 11   ○   ○
12 15   16 ○ 15   ○   ○
16 19   ○   ○   ○
20   ○   ○   ○

Vergleiche!

| 1 | 2 | 3 | 4 | 5 | 6 | 7 | 8 | 9 | 10 | 11 | 12 | 13 | 14 | 15 | 16 | 17 | 18 | 19 | 20 |

⑦ 6 + 0 ○ 10   ⑧ 6 + 5 ○ 10   ⑨ 10 ○ 5 + 8
  6 + ☐ < 10   6 + 6 ○ 10   10 ○ 6 + 3
  6 + ☐ < 10   6 + 7 ○ 10   10 ○ 7 + 9
  6 + ☐ < 10   6 + 8 ○ 10   10 ○ 0 + 11

⑩ 12 − 4 ○ 10   ⑪ 10 ○ 16 − 4   ⑫ 9 + 7 ○ 14
  12 − 5 ○ 10   10 ○ 16 − 5   10 + 3 ○ 14
  12 − ☐ ○ 10   10 ○ 16 − 6   20 − 2 ○ 14
  12 − ☐ ○ 10   10 ○ 16 − 7   19 − 6 ○ 14

102   1–5, 7–12 am Zahlenband vergleichen; 6 jeweils 2 Zahlen vergleichen; 7, 8, 10, 11 Muster für die Lösung nutzen

Ergänze!

① 9 + ☐ < 1 4
9 + ☐ < 1 4
9 + ☐ < 1 4
9 + ☐ < 1 4
☐ + ☐ < ☐

② 8 + ☐ > 1 3
8 + ☐ > 1 3
8 + ☐ > 1 3
☐ + ☐ > 1 3
☐ + ☐ > ☐

③ 8 < 4 + ☐
8 < 4 + ☐
8 < 4 + ☐
☐ < 4 + ☐
☐ < ☐ + ☐

④ 1 1 − ☐ < 7
1 1 − ☐ < 7
1 1 − ☐ < 7
☐ − ☐ < 7
☐ − ☐ < ☐

⑤ 1 9 − ☐ > 1 4
1 9 − ☐ > 1 4
1 9 − ☐ > 1 4
☐ − ☐ > 1 4
☐ − ☐ > ☐

⑥ 1 2 > 1 6 − ☐
1 2 > 1 6 − ☐
1 2 > 1 6 − ☐
☐ > 1 6 − ☐
☐ > ☐ − ☐

Ergänze!

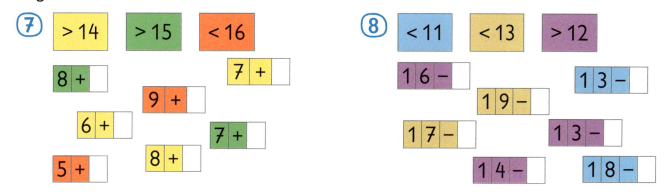

Setze ein: < oder >!

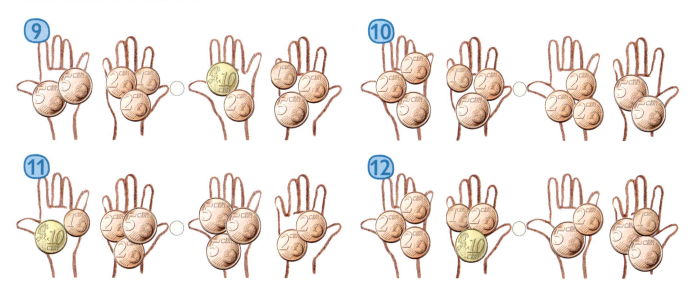

1–6 Muster für die Lösung nutzen; 1–8 Zahlen passend ergänzen, vergleichen;
9–12 Summen vergleichen

103

Falten – Symmetrie

① Falte ein Haus!

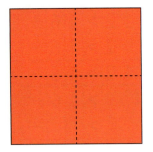 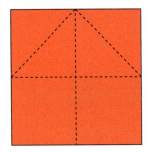 

② Mehr Häuser!

  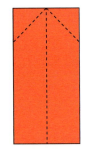 

 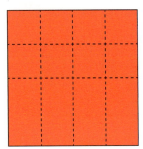 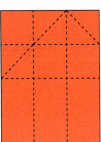  

③ Welche Häuser sind symmetrisch? Male sie an!

① Verbinde Teile, die ein symmetrisches Haus ergeben!

② Beim Schneiden symmetrische Figuren herstellen

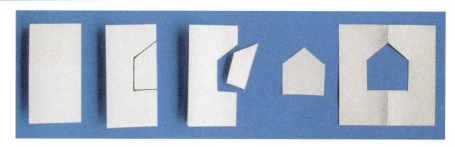

Welche Figur entsteht? Kreuze an!

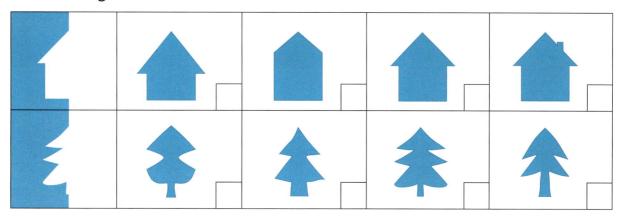

③ Welche Figuren sind symmetrisch? Zeichne die Symmetrieachsen ein!

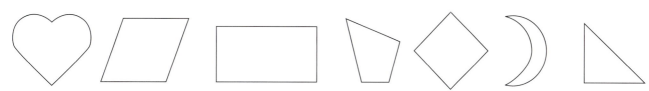

1 symmetrische Hälften verbinden; 2 Welche Figur entsteht?
3 Symmetrieachsen einzeichnen

Muster legen und weiterlegen

① Lege oder male weiter!
Welche Formen werden benutzt?

②

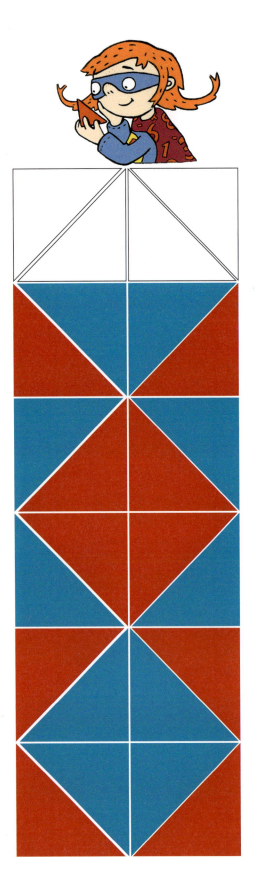

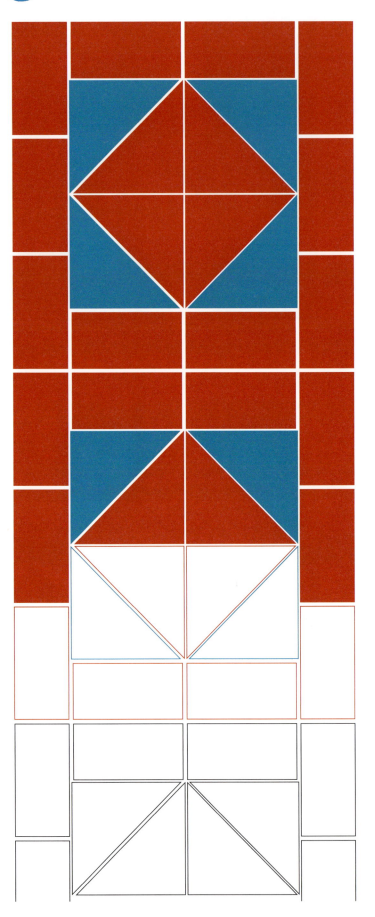

106 Muster fortsetzen, Symmetrie erkennen

Setze die Muster fort! Lege und male!

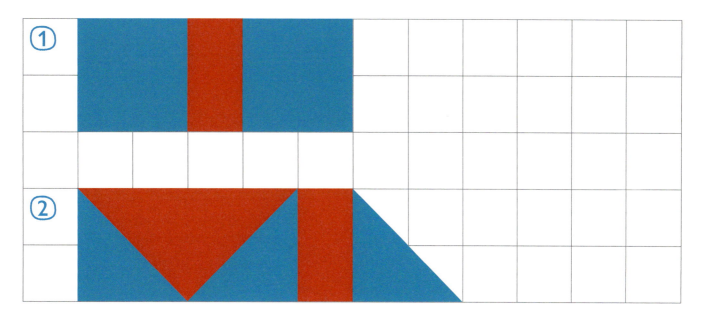

Ergänze zu symmetrischen Figuren! Lege und male!

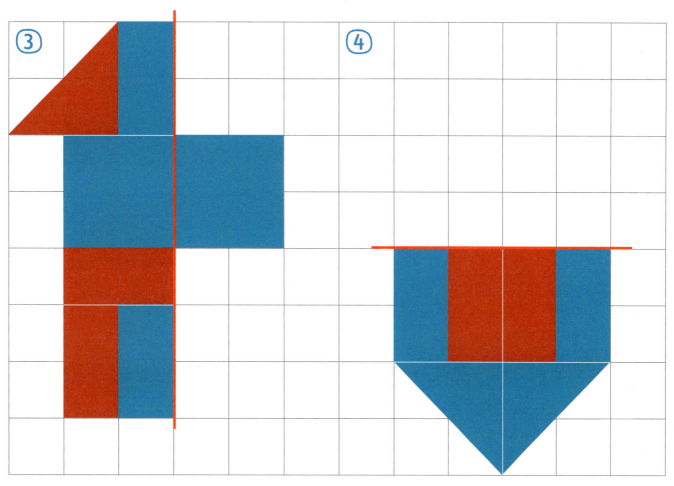

1, 2 mit Formenplättchen Muster fortsetzen; eigene Muster finden;
3, 4 zu symmetrischen Figuren ergänzen, die Lösung aufmalen

Rechnen – kreuz und quer

① Immer 10, immer 20

| 3 + ☐ = 10 | 2 + ☐ = 10 | 4 + ☐ = 10 | 7 + ☐ = 10 |
| 13 + ☐ = 20 | 12 + ☐ = 20 | 14 + ☐ = 20 | 17 + ☐ = 20 |

| 5 + ☐ = 10 | 1 + ☐ = 10 | 10 + ☐ = 10 | 6 + ☐ = 10 |
| 15 + ☐ = 20 | 11 + ☐ = 20 | 20 + ☐ = 20 | 16 + ☐ = 20 |

Immer 10

②
7 + ☐ = 10
6 + ☐ = 10
8 + ☐ = 10
9 + ☐ = 10
5 + ☐ = 10

③
10 – 1 =
10 – 4 =
10 – 3 =
10 – 2 =
10 – 5 =

④
☐ + 2 = 10
☐ + 4 = 10
☐ + 7 = 10
☐ + 5 = 10
☐ + 1 = 10

Super-Päckchen. Ergänze!

⑤
7 + 5 =
8 + 6 =
9 + 7 =
10 + ☐ =
☐ + ☐ =

⑥
15 – 5 =
14 – 6 =
13 – 7 =
12 – ☐ =
☐ – ☐ =

⑦
12 – ☐ = 11
13 – ☐ = 11
14 – ☐ = 11
15 – ☐ = ☐
☐ – ☐ = ☐

⑧
1 + 3 + 4 =
2 + 4 + 5 =
3 + 5 + 6 =
4 + ☐ + ☐ =
5 + ☐ + ☐ =

⑨
3 + 4 – 5 =
4 + 5 – 6 =
5 + 6 – 7 =
6 + ☐ – ☐ =
7 + ☐ – ☐ =

Rechne!

⑩
7 + 8 – ☐0 =
7 + 8 – 10 =

9 + 6 – ☐0 =
9 + 6 – 10 =

6 + 7 – ☐0 =
6 + 7 – 10 =

108 Addition und Subtraktion üben, Muster erkennen und nutzen

Aufgabenfamilien. 3 Zahlen – 4 Aufgaben. Ergänze!

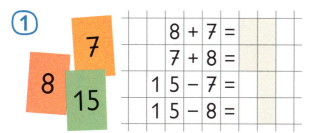

8 + 7 =
7 + 8 =
15 – 7 =
15 – 8 =

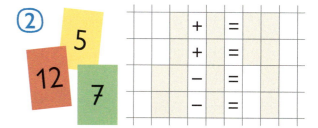

___ + ___ = ___
___ + ___ = ___
___ – ___ = ___
___ – ___ = ___

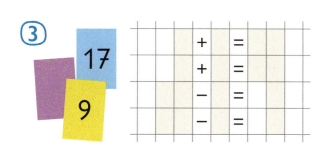

___ + ___ = ___
___ + ___ = ___
___ – ___ = ___
___ – ___ = ___

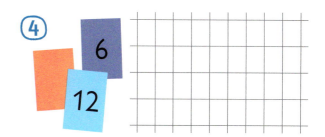

In Tabellen rechnen

5

+	4	7	9	12
8				

6

–	3	6	9	12
16				

7

		8	14		
	3	11		18	7

8

+	2	4	6	8
7				
9				

9

–	3	5	7	9
15				
13				

10

+				
	8		12	14
		15	18	

11 Zahlenmauern

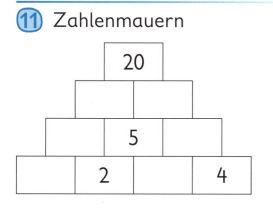

12 Viele Lösungen!

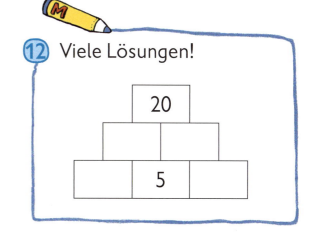

Das kleine Einspluseins

Färbe die Ergebnisfelder in der Tabelle ein!

① 2 + 5 =
3 + 5 =
4 + 5 =
5 + =
+ =
+ =

② + 5 =
+ 5 =
+ 5 =
+ =
+ =

③ 2 + 10 =
3 + 10 =
4 + 10 =
5 + =
+ =
+ =

④ + 10 =
+ 10 =
+ 10 =
+ =
+ =

Ich finde noch andere +5-Aufgaben.

⑤ Super-Päckchen machen Muster!

+	0	1	2	3	4	5	6	7	8	9	10
0	0					5					10
1											
2											
3											
4											
5	5					10					15
6											
7											
8											
9											
10	10					15					20

110

das kleine Einspluseins strukturgeleitet üben, Super-Päckchen fortschreiben, Einspluseinstafel vollständig ausfüllen

① 5 plus …

5	+	2	=
5	+	3	=
5	+	4	=
5	+		=
	+		=
	+		=

② Verdoppeln

3	+	3	=
4	+	4	=
5	+	5	=
	+		=
	+		=
	+		=

③ Immer 10

3	+	7	=
4	+	6	=
	+		=
	+		=
	+		=

④ Male weiter! Färbe die Zettel ein!

9 plus …

1 mehr als das Doppelte

Immer ☐

+	0	1	2	3	4	5	6	7	8	9	10
0	0					5					10
1											
2											
3											
4											
5	5					10					15
6											
7											
8											
9											
10	10				15						20

Finde die anderen Aufgaben!

⑤ 5 plus …

⑥ Verdoppeln

⑦ Immer 10

1–3 Super-Päckchen fortsetzen; 4 Beschreibungen liefern Super-Päckchen, Muster durch Einfärben in der Tafel sichtbar machen; 5–7 die bei 1–3 fehlenden Aufgaben finden

E ▶ 55   AH ▶ 54   A ▶ 55

Jahrmarkt

1 Strukturen als Lösungsstrategie nutzen; Kopfrechentraining;
2 die Sachaufgabe lösen und den Rechenweg darstellen

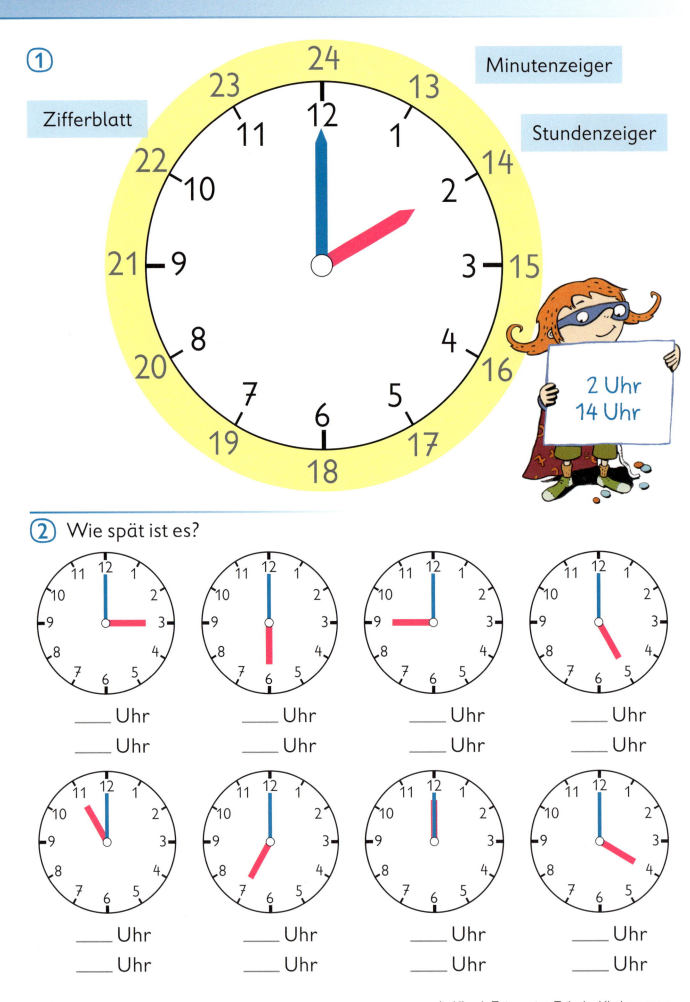

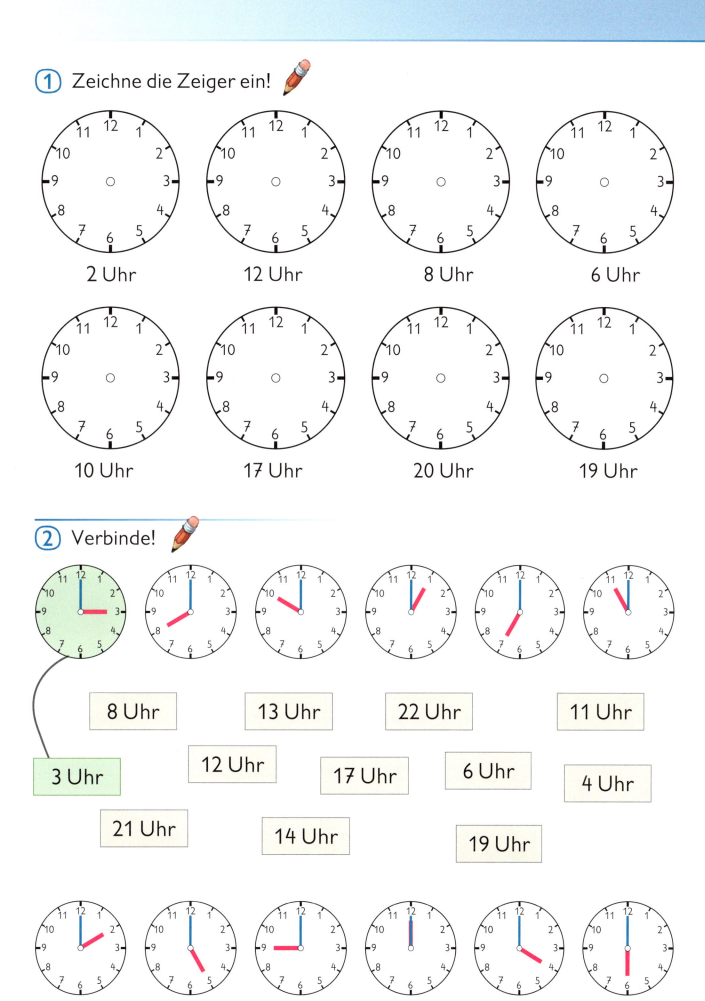

24 Stunden – 1 Tag

118

über wiederkehrende und zeitgebundene Ereignisse
im Rhythmus eines Tages sprechen, Uhrzeiten zuordnen

7 Tage – 1 Woche

①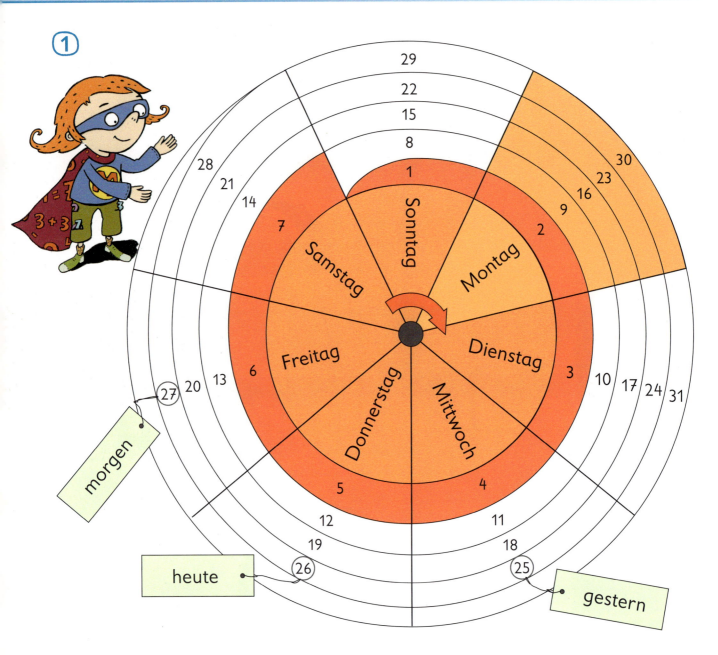

②

gestern	heute	morgen	übermorgen
Mittwoch	Donnerstag	Freitag	
	Dienstag		
	Sonntag		
Donnerstag			
		Dienstag	

über die rhythmische Abfolge der Wochentage sprechen; die Zahlenabfolge für einen bestimmten Wochentag nachvollziehen; die Begriffe „gestern", „heute", „morgen", „übermorgen" verwenden

Unsere Woche

① Welcher Wochentag?

Anne: „Vorgestern war ich schwimmen. Das war am _____ ."

Tom: „Vor 3 Tagen hat es geregnet. Das war am _____ ."

② Heute ist _____ . Dann ist morgen _____ .

In ___ Tagen ist _____ .

Gestern war _____ .

③ Ergänze!

Sonntag | _____ | Donnerstag **16** | Samstag

Montag | _____ | _____

Abfolge der Wochentage in Aufgabenstellungen anwenden und üben

Daten sammeln – Unsere Partnerklasse

① Wie viele?

Plättchen legen hilft.

Wie viele Mädchen und wie viele Jungen sind in der Klasse?

● Mädchen	⊞⊞
● Jungen	∥

In der Klasse sind

☐ Mädchen und

☐ Jungen.

① Wie viele Kinder der Klasse haben helle Haare, wie viele Kinder haben dunkle Haare?
Lege, notiere, schreibe!

☐ Kinder haben helle Haare.
☐ Kinder haben dunkle Haare.

② Wie viele Kinder tragen eine Brille?
Wie viele Kinder tragen keine Brille?

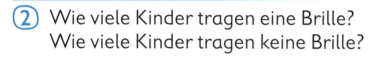
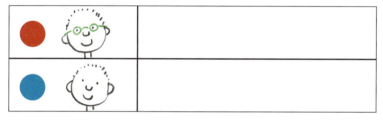

☐ Kinder tragen eine Brille.
☐ Kinder tragen keine Brille.

③ Wie viele Kinder tragen eine Mütze?
Wie viele Kinder tragen keine Mütze?

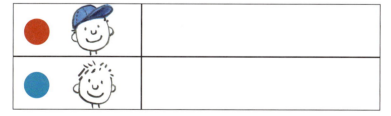

☐ Kinder tragen eine Mütze.
☐ Kinder tragen keine Mütze.

④ Macht eine eigene Umfrage in eurer Klasse.

Lineare Figuren in der Umwelt

① Zeichne die Linien mit der passenden Farbe nach!

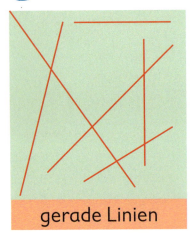

gerade Linien

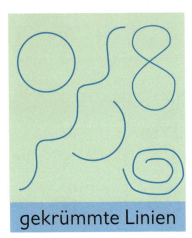

gekrümmte Linien

② Zeichne weiter!

③ Zeichne die Geraden mit dem Lineal nach!

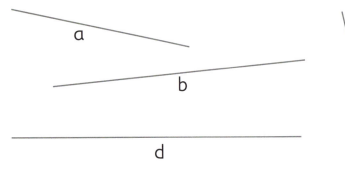

a
b
c
d

Geraden werden mit Kleinbuchstaben bezeichnet.

124

1 gerade und gekrümmte Linien erkennen, benennen, Unterschiede angeben, in der Umgebung finden;
2 Muster aus gekrümmten Linien fortsetzen; 3 Geraden mit Lineal zeichnen, Bezeichnung kennen lernen

E ▶ 62   AH ▶ 60   A ▶ 62

Strecken

①

② Wo sind Strecken? Zeichne nach!

 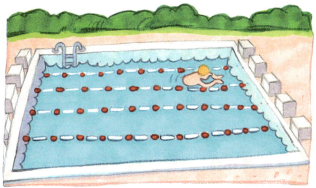

③ Zeichne die Strecken mit dem Lineal nach!

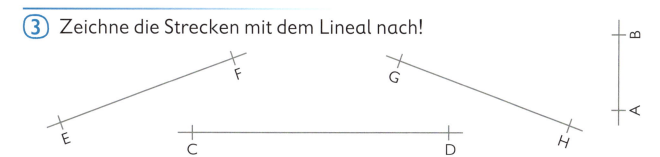

④ Vergleiche die Länge der Strecken aus Aufgabe ③!

$\overline{AB}$ ist kürzer als _____ .

$\overline{CD}$ ist länger als _____ .

_____ und _____ sind gleich lang.

1 Unterschied zwischen Linie und Strecke erkennen, Bezeichnung kennen lernen; 2 Strecken zeigen und einzeichnen; 3 Strecken mit dem Lineal nachzeichnen; 4 Strecken unter Verwendung von „kürzer als", „länger als" und „gleich lang" vergleichen

Zentimeter

① Messgeräte

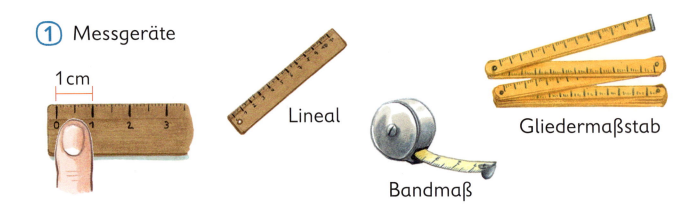

② Wie lang? Schätze! Miss nach!

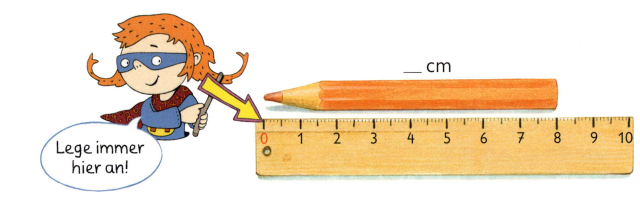

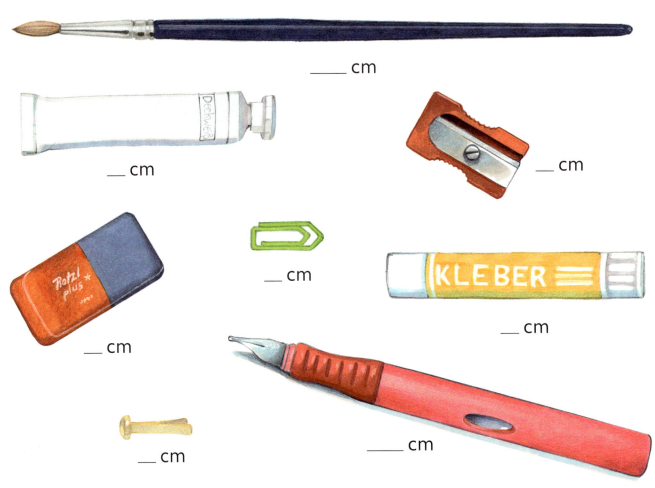

Strecken messen

① Erst schätzen, dann messen!

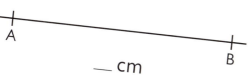 ___ cm

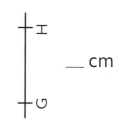 ___ cm

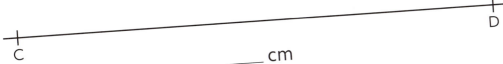 ___ cm

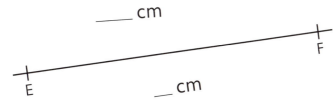 ___ cm

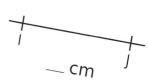 ___ cm

② Zeichne die Strecken!

$\overline{KL}$ = 5 cm

$\overline{MN}$ = 8 cm

$\overline{OP}$ = 4 cm

$\overline{RS}$ = ___ cm

③ Miss und rechne!

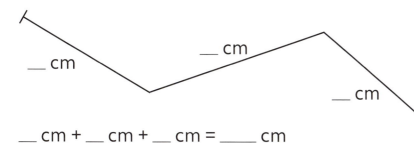

___ cm + ___ cm + ___ cm = ___ cm

Zick-Zack!

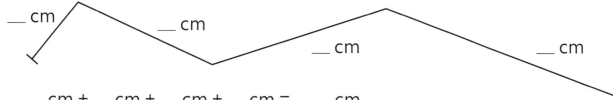

___ cm + ___ cm + ___ cm + ___ cm = ___ cm

1 mit dem Lineal Strecken messen, Länge zunächst schätzen; 2 Strecken mit Hilfe des Lineals zeichnen; 3 zusammengesetzte Strecken messen, Längen berechnen

E▶63 AH▶61 A▶63

Schätzen, zählen, notieren

①

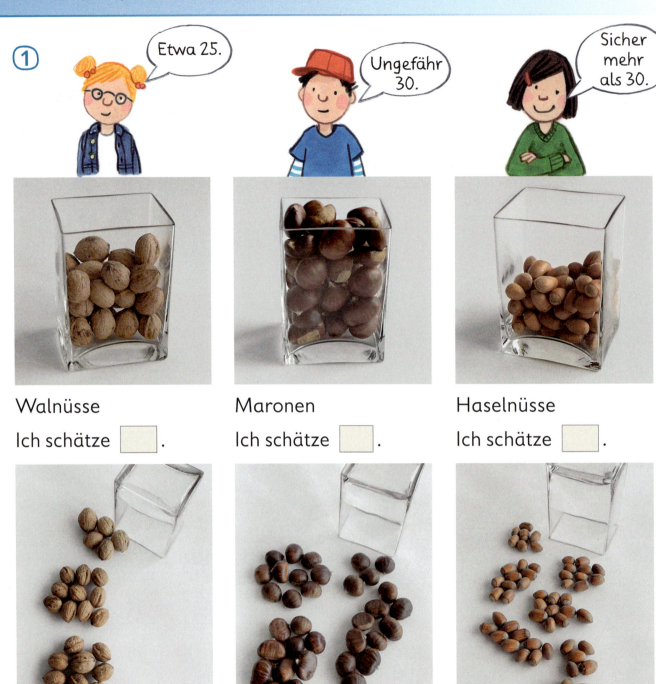

Etwa 25. Ungefähr 30. Sicher mehr als 30.

Walnüsse Maronen Haselnüsse

Ich schätze ☐. Ich schätze ☐. Ich schätze ☐.

Ich zähle ☐. Ich zähle ☐. Ich zähle ☐.

Immer 10 in eine Tüte. Wie viele Tüten? Wie viele Einzelne? Notiere!

Zehner und Einer

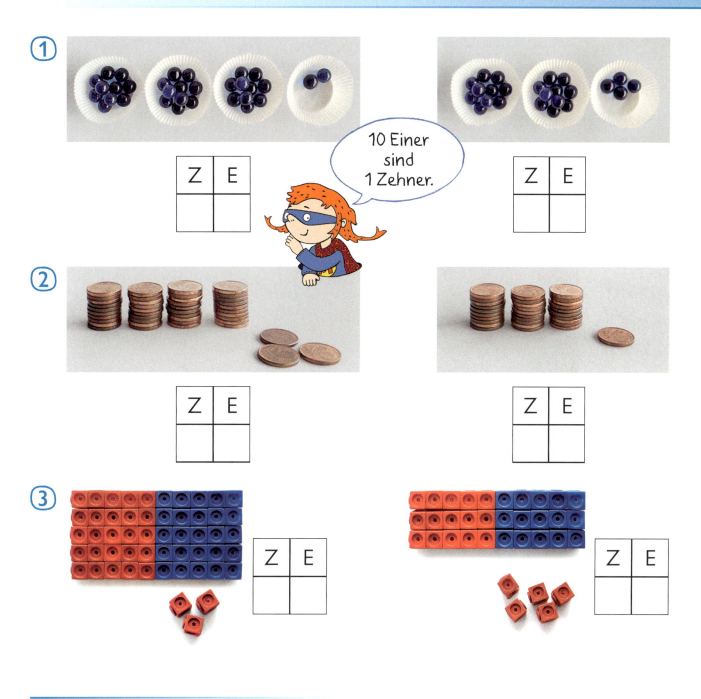

④ Wie viele? Schreibe auf!

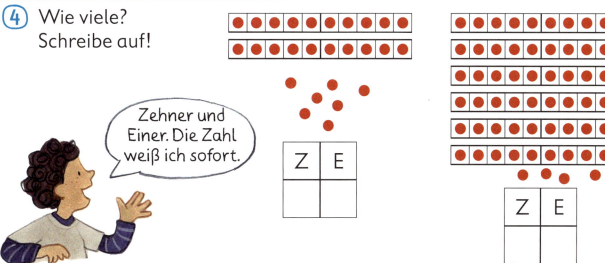

Anzahlen mit Hilfe der Zehnerbündelung ermitteln und in der Stellentafel notieren

129

Hunderterfeld

① Was kannst du entdecken?

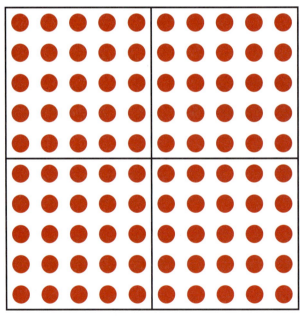

②

Zeige mit dem Abdeckwinkel am Hunderterfeld:
30, 20, 50, 60, 80, 90, 70, 100!

① Wie viele? Schreibe auf!

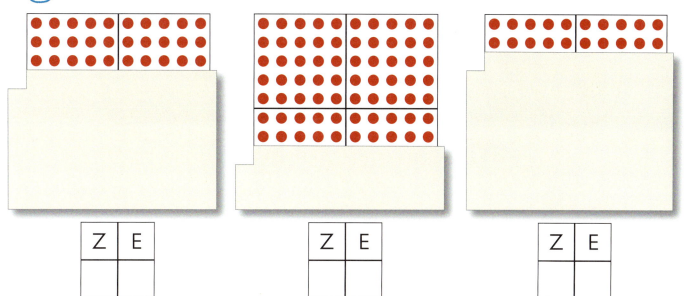

② Wie viele? Schreibe auf!

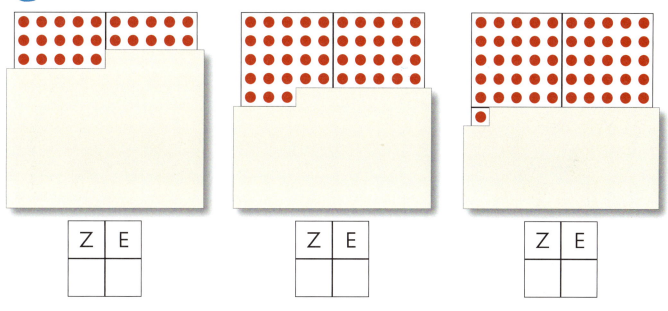

③ Zahlenhäuser

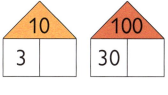
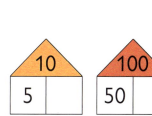
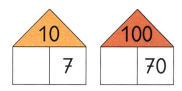
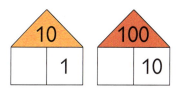

1, 2 die dargestellte Zahl nennen und in der Stellentafel notieren;
3 Zerlegung der 10 bzw. der 100 in den Zahlenhäusern notieren (Analogie)
E ▶ 65   AH ▶ 63   A ▶ 65

131

Rechnen mit Cent

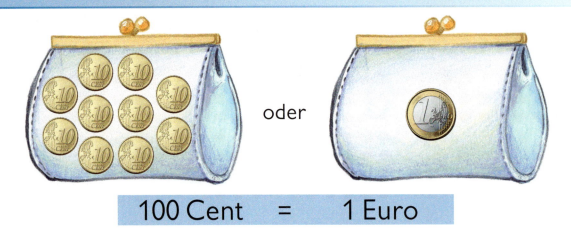

100 Cent = 1 Euro

① Immer 1 €. Lege und male!
Du hast Münzen zu 50 ct, 20 ct und 10 ct.

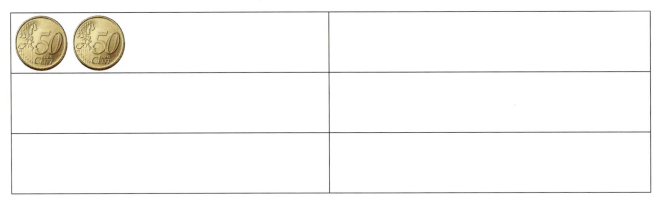

② Wie viel Cent sind es?

50 ct + 20 ct + 10 ct = _____   _____

③ Immer 70 ct. Male und rechne!

132

1 1 Euro in verschiedenen Münzzusammenstellungen darstellen;
2 Geldbeträge ermitteln; 3 Beträge darstellen

Beim Bäcker

① Boris hat: Boris kauft: Boris bezahlt:

60 ct + 20 ct = ____ ct

② Lena hat: Lena kauft: Lena bezahlt:

③ Noah hat: Noah kauft: Noah bezahlt:

④ Ich habe: Ich kaufe: Ich bezahle:

Super M: Was kann in der Tüte sein? 1–4 Preise addieren, Münzen malen; Münzbeträge nicht identisch mit addierten Beträgen (Preisen)

E ▶ 66 AH ▶ 64 A ▶ 66

Magische Quadrate

① Triff die 15!

☐ + ☐ + ☐ = 15   ☐ + ☐ + ☐ = 15

② Immer 15?

6	1	8
7	5	3
2	9	4

2 + 5 + 8 = ☐
6 + 1 + 8 = ☐
☐ + ☐ + ☐ = ☐
☐ + ☐ + ☐ = ☐
☐ + ☐ + ☐ = ☐

③ Immer 15

2		
	5	1
	3	

		4
1		9

3		
	4	9

	7	2
		4

4	3	8
	2	6

2		4
	5	
6		

Trage die fehlenden Zahlen ein!

134

Hinführung zur Arbeit mit magischen Quadraten
E ▶ 67   AH ▶ 65   A ▶ 67

Rechenspiele und Knobeleien

1 Sudoku

8		1			3	7	9	2
9		3		4		5	6	8
5	2	6	7	9	8			
	5		8	1	6		7	
2	8	9				4	1	6
	6		4	2	9		5	
			2	7	4	3		1
7	3	2				6		5
4	1	8	6			9		7

2 Male die Felder in rot, blau, gelb und grün an. Jede Farbe darf senkrecht und waagerecht nur einmal vorkommen.

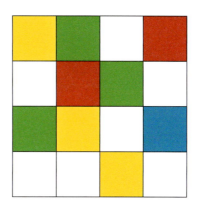

3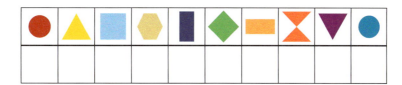

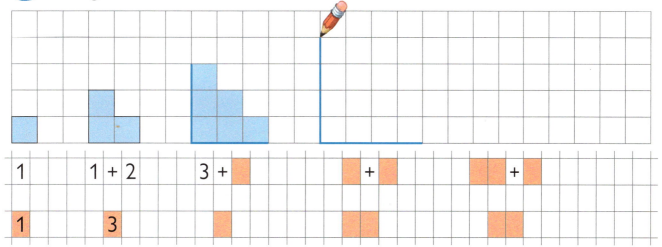

4 Wie geht es weiter? Male und schreibe! Was fällt dir auf?

135

Herausgegeben von: Ursula Manten, Gudrun Hütten, Klaus Heinze

Erarbeitet von: Ulrike Braun, Gudrun Hütten, Ursula Manten, Christine Strauß-Ehret, Gabi Viseneber

Bearbeitet von: Marion Müller (Magdeburg), Antje Pennewitz (Wallhausen), Martina Schiek (Winterstein), Kerstin Silz (Eberswalde), Carmen Sobek (Markkleeberg)

Für Hinweise und beratende Mitwirkung dankt der Verlag: Catrin Elies (Stendal), Heidrun Ertel (Tröbnitz), Roswitha Fischer (Könnern), Ute Göhler (Waldheim), Ines John (Berlin), Angela Otrzonsek (Leipzig), Elke Schlieder (Kriebstein), Silke Schmitz (Eberswalde), Christine Thieme (Grabsleben), Edmund Wallis (Leipzig)

Redaktion: Friederike Thomas, Susanne Knipper, Jens-Uwe Mertens

Illustrationen: Martina Leykamm, weitergeführt von Eve Jacob (S.2 unten, 3 unten, 10, 11, 56, 59 Mitte, 90, 91, 101, 124, 125, 126), Dorothee Mahnkopf (Super M), Maja Bohn

Grafik: Christine Wächter

Layoutkonzept: hawemannundmosch

Layout und technische Umsetzung: Checkplot, Anker & Röhr

Umschlaggestaltung: Ines Schiffel

Bildnachweis: Ulrike Braun, Aldenhoven: 24.1, 41.1–7, 47.1–7; Cornelsen Verlag/Peter Hartmann, Berlin: 64.3; Cornelsen Verlagsarchiv, Berlin: 69.2, 88.4, 118.5-6; Rolf W. Hapke, Düsseldorf: 124.2; Gudrun Hütten, Kleve: 119.1; Ursula Manten, Aachen: 7.2/4, 21.1-19, 22.1-11, 29.1-6, 39.1-6, 41.8, 58.1, 64.1/4/5/7/9/11/12, 69.1/3-7, 88.1-3, 89.1-2, 104.1-8, 105.1-2, 118.2, 128.1-12, 129.1-6; Jens-Uwe Mertens, Berlin: 2.1, 3.1, 6.1-4, 7.1/3/5, 9.1-9, 17.1-14, 25.1-3, 32.1-4, 50.2, 51.1/4, 73.1-5, 118.1/3/4, 119.2-5; PROFIL Fotografie Marek Lange, Berlin: 50.1/3/5, 51.2-3; Staatsgalerie Stuttgart/Paul Klee 1928, 58 rote Brücke © VG Bild-Kunst, Bonn 2007/Paul Klee, rote Brücke, 1928, 58, Aquarell auf Grundierung auf Papier auf Karton, 21,1 x 32,8 cm, Staatsgalerie Stuttgart, Graphische Sammlung, Vermächtnis Annemarie Grohmann: 90.1; Wikipedia/CC/Horemu: 124.1; www.fahrrad.de: 88.5; www.tischlerschuppen.de/Foto: Peter Hartmann: 64.2/6/8/10

Bestandteile des Lehrwerks Super M für das 1. Schuljahr

Schülerbuch 1 mit Kartonbeilagen	978-3-06-082378-9	Arbeitsheft Rechentraining 1	978-3-06-083168-5
Arbeitsheft 1	978-3-06-082379-6		
Arbeitsheft 1 mit CD-ROM	978-3-06-082428-1		
Einstiege/Aufstiege Arbeitsblätter zur Differenzierung	978-3-06-082380-2		
Handreichungen für den Unterricht mit Lehrermagazin	978-3-06-082430-4		
Kopiervorlagen mit CD-ROM	978-3-06-082431-1		

Im Paket:
Handreichungen für den Unterricht mit Lehrermagazin und Kopiervorlagen mit CD-ROM 978-3-06-082432-8

www.cornelsen.de

1. Auflage, 4. Druck 2013

Alle Drucke dieser Auflage sind inhaltlich unverändert und können im Unterricht nebeneinander verwendet werden.

© 2009 Cornelsen Verlag, Berlin
© 2013 Cornelsen Schulverlage GmbH, Berlin

Das Werk und seine Teile sind urheberrechtlich geschützt.
Jede Nutzung in anderen als den gesetzlich zugelassenen Fällen bedarf
der vorherigen schriftlichen Einwilligung des Verlages.
Hinweis zu den §§ 46, 52a UrhG: Weder das Werk noch seine Teile dürfen ohne eine
solche Einwilligung eingescannt und in ein Netzwerk eingestellt oder sonst öffentlich
zugänglich gemacht werden.
Dies gilt auch für Intranets von Schulen und sonstigen Bildungseinrichtungen.

Druck: Himmer AG, Augsburg

ISBN 978-3-06-082378-9

 Inhalt gedruckt auf säurefreiem Papier aus nachhaltiger Forstwirtschaft.